滄海叢刊

中國現代化的哲學省思

—「傳統」與「現代」理性的結合

成中英 著

1991

東大圖書公司印行

© 中國現代化的哲學省思

——「傳統」與「現代」理性的結合

著　者　成中英
發行人　劉仲文
出版者　東大圖書股份有限公司
總經銷　三民書局股份有限公司
印刷所　東大圖書股份有限公司
　　　　地址／臺北市重慶南路一段六十一號二樓
　　　　郵撥／○一○七一七五—○號
初　版　中華民國七十七年八月
再　版　中華民國八十年二月
編　號　E 11005
基本定價　貳元捌角玖分
行政院新聞局登記證局版臺業字第○一九七號

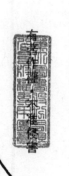

ISBN 957-19-0249-7 (平裝)

前言

一九八三年春季，我在南港中央研究院三民主義研究所擔任客座研究教授，從事中國現代化思想的哲學基礎研究。我的主題是探索中國傳統與西方現代如何理性的結合，以及此一結合的典範為何。我認定中山先生的三民主義思想，提供了中國傳統與西方現代理性結合的一個理想模式，也提供了一個有關中國現代化方法形式與實質內容上的典範。從這一個新的角度來考察三民主義思想，我認為不但可以打破三民主義作為意識形態的約束，還原出三民主義思想的歷史和哲學意義，也可以更進一步，同時也是更深一層分析和了解中國現代化面臨的價值目標與方法手段的認知、評估與抉擇問題。我在半年內寫成「論現代與傳統的理性的結合：三民主義的中西哲學基礎」專文，曾發表為中央研究院三民主義研究所叢刊第十五種。我於該篇論文印出後發現，其中有許多錯簡及漏失的地方，很想有機會加以訂正。我也想更積極的發揮中國現代化思考的哲學意義，在中西哲學與中西文化的結合以及中國哲學的落實應用等幾個重要關節上，提出系統的意見。本書大致實現了我的這兩個願望。

本書分為兩部份。第一部份分析的拓展了作為現代化思考的中山先生三民主義的哲學基礎意義，可視為中國現代化的問題學與方法學部份。第二部份分析的拓展了實行現代化過程中制度化與策略化問題。這些問題歸納凝聚為管理與倫理、策略與技術的哲學考察，此可視為中國現代化的管理學與倫理學部份。中山先生提供了一個理性的結合中國傳統與西方現代化的理想模式，但如何落實此一模式於實際，如何從實際的西方經驗與世界經驗領取教訓，如何有效的吸取知識以及有效的應用知識，促使此一模式更為精密、更為充實，同時使中國傳統與西方現代的結合更為機動、更具成效，乃是本書的重點所在。

中國現代化將是一個多參數、多向度、多層面、多階段的輻射、回饋與發展過程，需要不斷的批評，不斷的分析，不斷的整合和不斷的把握。中國現代化的哲學省思將提供這種批評、分析、整合與把握，並將是中國現代化發展過程中輻射的重要一環。

本書第二部份中的「建立中國管理哲學」，曾發表於中國時報與中國論壇雜誌。「中國工業化與倫理化的雙管齊下」（原名「論工業化與倫理化」），曾發表於中國時報。「企業倫理的分析」（原名「談企業倫理」），曾發表於中國論壇雜誌。「策略的哲學基礎分析」（原名「戰略的哲學分析」）與「整體定位、應變創新的思考」（原名「整體定位、應變創新」），則分別發表於中華戰略學刊與實踐月刊。

中國現代化的哲學省思

—「傳統」與「現代」理性的結合—

目次

第二部份：管理與倫理

代序：論知識份子與中國現代化的目標

——發揮理性、知識、良知、與責任的力量，
達致民主、法治、富強和統一的目標——

為了建立一個民主、法治、富強而又統一的現代化中國，中國的知識份子必須發揮理性、知識、良知和責任的力量，向中國的民主、法治、富強與統一的目標奮進。這無疑將是一項十分艱鉅的工程，也將是一個曲折多難的過程。但這卻是一項浩大無比的歷史挑戰，也應是一項責無旁貸的歷史使命。為什麼中國的知識份子面臨到這項挑戰？為什麼中國的知識份子肩負這項使命？我發自內心的回答是：不做中國的知識份子則已，作了一個中國的知識份子就難辭這份使命；不體認中國的歷史則已，體認了中國的歷史就不得不面對這項挑戰。

也許，有人認為可以選擇不做中國的知識份子，甚至有人認為自己事實上就非中國的知識份子，因之也就不必面對中國歷史，妄言肩負使命。但即使就一個西方的或非中國的知識份子而言，如果稍具世界眼光，略有歷史智慧，他也不得不承認人類追求和平與幸福的理想實已包含了

東西方民族國家的平等互惠和携手並進；而中國人能做的貢獻在東西方民族國家的交互影響中實佔據極重大的地位。這是世界地緣政治所啟示的訊息，也是中國歷史文化所表露的意願。因之，任何一個深沉的知識份子——一個對世界體系和歷史潮流有所認識、對人類前途有所關心的知識份子，都無法否認中國能夠維護世界和平的潛力以及中國文化能夠促進世界大同的影響。在今天這個世界上，民族國家固然一方面仍處於一個自然競爭的狀態，但另一方面也逐漸憬悟到相互依存的經濟與安全關係的重要。中國成爲一個民主、法治、富強而又統一的國家，中國文化發揮其內含的人道主義與人文主義，將是一件對世界和平的維護和人類精神生活品質的提升極有助益的事。相反的，一個貧窮、極權和分裂的中國則不但將是中國內部動盪之源，亦將是世界秩序混亂之所由了❶。

什麼是知識份子？什麼是中國的知識份子？爲什麼中國必須走向民主、法治、富強和統一？爲什麼中國的知識份子有責任去追求中國的民主、法治、富強和統一？這些都是咄咄逼人的根本問題。在本文中我只能就我思想所及簡單的加以闡發。

❶ 目前美蘇冷戰有了極大的解凍，是否世界和平就有了保障？事實上，世界和平絕不是美蘇兩國消除核子武器就可以完全解決的。美蘇兩國有催毀地球的核子武力。兩國的對抗也提高了世界遭受毀滅的機會。但美蘇和談雖然使世界安全得到相對的保障，世界積極性的及整面性的和平卻仍有待東西文化中的民族國家來共同維持。

知識份子是一個現代名詞，是與英文的 intellectual/intelligentsia 相應的一個名詞。英文中的 intellectual 一詞指有智能且掌握知識的人。在西方文化及學術傳統中，有智能且掌握知識的人雖非一定掌握政治權力或擁有財富，但卻常爲掌握政治權力及擁有財富者所用。在古代希臘與羅馬，知識份子 (intellectual) 是詩人、悲喜劇作家、哲學家，甚至是立法者。他們對社會有相當大的影響。蘇格拉底即因提倡「自知無知」的理性哲學而遭受迫害。在中世紀，知識份子成爲神學僧侶，基於對上帝啟示的信仰，掌握了引導社會、教化社會的實權。文藝復興之際，古典哲學復興，知識份子反而扮演了反對宗教權威的角色。他們在古典哲學的激勵下，重新肯定人文世界，追求人文眞理，並開拓了新的知識園地，導使西方科學萌芽。他們運用人文和自然理性創造了新宇宙觀、新人生觀，以及新倫理學，強烈的衝擊了傳統的神學。但他們也爲此付出了很高的代價，甚至犧牲生命。加利略 (Galileo) 爲他的太陽中心說遭受審判，斯賓諾沙 (Spinoza) 爲他的倫理學被逐出教會，普魯諾 (Bruno) 則爲他的汎生哲學被活活燒死。從這些例子來看，傳統西方的知識份子在西方歷史中堅強的樹立了抗拒權威、追求知識與眞理的道德楷模和知識傳統。

自宗教革命以後，西方社會逐步趨向功能的理性化，知識份子也逐漸取得了受到俗世權威保護的社會地位，成爲西方發展知識、開拓資源的主力軍。這是西方現代理性主義的開端，也是十八世紀啟蒙運動的先導。在啟蒙運動中，典型的西方知識份子已擺脫了神學權威的束縛，開始積極的追求一個理想的政治和經濟秩序，爲個體的人在宇宙自然及社會國家中的地位作新的界定。這是不去發展整套的知識理論作論爭武器不爲功的。爲了反權威，也爲了迎合社會發展的潮流，更爲了創造一個理想社會，十八世紀的歐洲知識份子發揮了巨大的啟蒙功能。他們在古典哲學的理性傳統上，重新塑造了現代的理性傳統。從道德意識之說到私有財產之論，從民主思想到功利主義，清楚的刻劃出現代西方的國家意識、社會意識以及個人意識。

十九世紀的工業革命造成資本主義的勃興❷，也帶來歐洲社會貧富的懸殊，更導向達爾文物競天擇論，馬克斯階級鬥爭說的發展。我們不必否認馬克斯是一個知識份子。他的階級鬥爭說和共產主義思想透過他實際的政治活動無疑的造成了西方理性化社會和理性知識傳統的分裂。他的學說更透過俄國革命直接的影響了現代中國的命運❸。顯然，一個學說的影響是浩大的：一個好的學說能夠帶來人類的福利，一個壞的學說卻能製造人類莫大的災害。西方古典知識傳統雖遭受馬克斯主義的嚴厲批評，但却仍能保存發展迄今。系統化的理性哲學和經驗主義仍是今天西方社

---

❷ 德國社會學家麥克斯・韋伯（Max Weber）認爲西方資本主義的興起是基督教新教（清教）倫理之所賜。但此處吾人也要指出近代歐洲知識份子（並非一定爲清教徒）的理性主義與知識追求也是促使資本主義發展的一項主要因素。

❸ 中共政權早期顯然以馬列主義爲其立國的最高原則。最近趙紫陽指出中國尚屬社會主義初期階段；則早期共產政權所採行的共產政策都應該被看成是認知與判斷錯誤之結果。

會的精神支柱。理性與經驗的自我批評與相互批評更成爲西方知識傳統與知識份子思考的特質。

從十九世紀以來，西方的知識份子逐漸走上專業化的道路，這是由於知識透過科學的發展已逐漸成爲分門別類的專業活動。知識成了牟利的商品和企業的工具，知識份子也就成爲商業組織和政府組織中的僱員。知識往往轉化爲技術，喪失了批評權威、展現價值的能力。知識份子也就淪落爲社會的附庸，喪失了啟蒙社會、改革社會的魄力。知識份子作爲教授、學者、教育家與作家似乎與社會逐漸隔閡疏離，甚至被看做是不切實際的「蛋頭」(egghead)。現代西方社會結構的僵化與西方知識份子的中立化都是極其可悲的現象。如何把知識與人生與社會的基本價值結合起來，重振理想主義與道德勇氣，來面對人類社會的危機與人類歷史的蛻變，乃是目前西方知識傳統與知識份子面臨的最大問題。

總結西方知識傳統的討論，我們不能不承認此一傳統是西方社會進步和進化的推動力。在此一傳統下的西方知識份子也發揮了塑造西方現代社會與國家的潛力。西方知識傳統的特徵是理性主義：用理性來界定眞理，用眞理來釐訂制度、批評現實、解決問題。此一理性主義也導至了現代科技的發展，爲現代西方社會提供了一個物質基礎，同時也構成了一套求知方法與一套知識標準。在這個知識傳統的發展中，知識份子突破了傳統權威，樹立了以理性與知識爲核心的現代化世界。西方的知識傳統是強大的。西方的知識份子也擁有強大的知識良心，在「吾愛吾師，吾更愛眞理」的信條下創造了輝煌的成果。現代西方社會的基本價值可說都來自此一知識傳統的傳播與知識份子的創造。二十世紀的西方知識傳統和知識份子不幸染上專業化、狹隘化以及僵硬化的疾病，顯示其內在的理性智慧與知識活力已逐漸喪失。如何重振理性和道德，進行知識的整合與批評以克服危機、發展生機，正是西方知識份子面臨的最大挑戰。

反觀中國歷史和中國社會，知識傳統在不同時期有不同的發展。知識份子在不同時期也處於不同的地位，並扮演不同的角色。首先必須指出的是：中國的知識傳統在東周孔子以前並未與政府的權力體系分開。這是所謂政、學不分時期。孔子是第一個把知識傳統（暫名之爲「學統」）獨立起來❹，不但成爲民間授學的創始人，也成爲知識份子基於理想以謀求政治改革的代表人物。

孔子以前政統與學統雖未分開，但並不意謂學統與政統沒有區分。周公攝政制禮作樂，後又還政於成王，顯然在周公眼中掌握政權是一回事，推行人文教化卻又是另一回事。尙書中天命之說已將天道與人道分開。人道包含了爲政之道以及爲人處世之道。但無論爲政之道或爲人處世之道都已假設了一個可依循的實體準則。此一準則早期爲天命，後期則演化爲內在於人的人性。中庸言「天命之謂性」，天命與人性，外在的道和內在的德已合而爲一。

---

❹ 孔子重「學」以致「道」，故論語有言「君子學以致其道」。孔子要從「學」中建立了「道」。老子重「道」以去「學」，故言「爲學日益，爲道日損」，他要以「道」代替「學」。儒家與道家，孰先孰後，若從「學」與「道」的歷史發展來看，應是先有「學」才有「道」。若從「學」與「道」的邏輯關係來看，則應是先有「道」方有「學」。很顯然，儒家是承繼傳統的，而道家則是叛離傳統的。

以上所舉中庸中的儒家哲學命題經過反省體驗逐漸發展爲一套完整的價值體系：包含了生生不息的本體哲學，民胞物與的仁愛情操，禮樂教化的社會道德，天人合一的修養功夫，以及天下爲公的大同思想。這也就凝聚成爲一套完整的「道」的體系和傳統，可簡稱之爲「道統」。所謂「道統」就是儒家對「道」的體認和認知的傳承。自孔子而孟子，不但儒家哲學已建立了一個「道統」，古代的經典經過儒家的整理與詮釋，也成爲民間授學的內容。故儒家的「道統」又再以「學統」的方式出現。迨及「漢武帝」不但儒家的「道統」被定爲一尊，儒家的「學統」且發展成爲普及官學的古今文學派之爭了❺。

基於儒學定於一尊之後的影響，如果我們把儒學看成是中國的知識傳統，應是說得通的事。從這個角度看，我們也能夠比較清楚的說明中國知識傳統與中國知識份子的特色。首先可以指出的是：中國歷史中包含的知識傳統顯然強大於其包含的反知識傳統。中國歷史中當然有反智的現象，如秦始皇焚書坑儒，漢高祖鄙視當時的儒生，都可引爲反智的例證。但李斯用韓非之學，高祖用商山四皓之才，還是顯出對知識傳統及知識份子的倚重。其次要指出的是：中國歷史中以儒

---

❺ 除儒家外，其他諸子百家是否也有其哲學的傳承及典藉的學統就很難言了。墨學與楊學在孟子時代曾爲顯學，但後繼者却渺無一人。法家在漢代雖有酷吏採行，但也僅爲術的應用而非學的提倡了。值得探求的倒是老莊之學是否有其民間的傳承。至少老莊之學在魏晉時代發展成爲三玄中的二玄，顯示道家是有其歷史發展的統緒與脈絡的。

家爲代表的知識傳統並未能眞正發揮其原初的活力，也未能實現其原初意含的理想。自漢以後，以孔孟爲代表的知識份子典型（士君子或士大夫）可說是難得一現。兩漢儒學雖有可觀，但眞正影響政治、轉移風氣的大儒又有幾人❻？也許在此一了解下，我們應嚴格分辨儒家或中國知識傳統中的「道統」的傳承與「學統」的傳承。「道統」的傳承是指堅持哲學主張以求改革政治與轉移社會的活動；而「學統」的傳承則只是研究學術以爲時用。在後一意義下的知識份子往往附合權勢，用其學術爲帝王效犬馬之勞。這是把儒家知識傳統中的「道統」淪喪殆盡了。

魏晉玄學興起，佛學輸入，至唐代而大盛。當時中國的知識份子大都雜揉道佛於儒學之中。從原初的儒家知識傳統來看，儒家的「道統」固然早已不存，就是儒家的「學統」也若斷若續了。

眞正繼承及發揮儒家知識傳統的「道」與「學」的精神者應推宋明的儒者。宋明儒對國家的危機、社會的危機、思想的危機，可說受到極大的刺激。透過深入古典儒家經典之學的啟示，自然引發了續亡繼絕，恢復道統的雄心大志。張載謂：「爲天地立心，爲生民立命，爲往聖繼絕學，爲萬世開太平」，就是此一道統心態最好的寫照。但宋明儒雖有大志，並立學術思想上開拓了高遠的境界，但他們仍無法以其理想的儒家道德來規範與改革當時的政治與社會。朱子爲官雖有小成，陽明平反雖建大功，但卻無當於當時政治和社會的起衰振敝。朱王都是儒家知識傳統中

---

❻ 董仲舒有經世之學，王充有批評之能，都是漢代難能可貴的知識份子了。

「道」與「學」的發揚者——但他們影響於後世者的似乎仍只限於其學術思想而已。

眞正體現了儒家知識傳統中的「道統」精神的知識份子應是明清之際的四大家：顧炎武、王夫之、黃宗羲和顏元。他們身負亡國之痛，抱着仁心和氣節，堅不與入侵的滿清妥協。他們也未放棄知識學問的追求，並在知識學問的追求中深切檢討中國歷史上政治社會制度的得失，從而對人心、良知與道德實踐有更深切的體會。黃宗羲尤能揭示中國傳統君主專制的毒害，從各種角度來批判這個流傳兩千年根深蒂固的政治制度，可說開創了理性系統批評政治制度的學風。雖然他本人的復國運動並不成功，但他的勇氣和言行卻於後代的仁人志士發生莫大的影響。這不能不說是儒家知識傳統內在的理性化的一大推進⑦。

清中葉以後，政治上的閉關政策逐漸爲西方強權打破，而中國也面臨了千古奇變。在堅兵利炮下，中國喪地辱權，陷入半殖民地的悲慘局面而不自知。對此一處境深刻的認識並發出警號者首推孫中山先生。中山先生不但有敏銳的國家民族的危機意識，他並能激發強烈的憂民憂國之心，放棄現實的安頓，而倡導並獻身於爲民族求生存、爲國家保獨立、爲社會謀福利的國民革命。他參考了中西學術，殫思竭慮提出解救中國政治、經濟與社會問題的根本之道。中山先生的這等眼光、這種抱負、這項勇氣、這番胸襟，可說具備了多重劃時代的意義。他不但是現代中國

⑦ 請參考拙文「論黃宗羲的理性思考：理學與心學所批評的反思」，收入一九八七年杭州出版的「黃宗羲論集」中（頁八——四五）。

的開創者，也是中國現代化運動的創始人，更是一個現代知識份子理想典型的塑造者。

中山先生具備西方知識傳統的優點，他看重知識與理性，並敏於批評思考。但他也保存了以儒家爲主導的中國知識傳統，對中國傳統文化的精華有深切的體驗。他之倡導革命並獻身革命也可說是中國知識傳統中的道統精神的一個高度表現。換言之，他不但看重知識與理性，且能基於良知和責任發爲實踐的行爲。因之，中山先生所塑造的知識份子典型是結合中西兩項知識傳統的：不但具備了現代性，而且充滿了前瞻性，自然更爲中國傳統的知識傳統帶來了新的活力和新的智慧。

不幸的是，中山先生結合中西學術的知識理想在二十年代的中國並未獲得普遍的支持，當時也未爲其後繼者貫徹實現，用以解決中國面臨到的諸般問題。因而五四運動產生了主張西方知識傳統的全盤西化的觀點，也導致了反對西方知識傳統的馬克斯主義思想。在現代中國形成了三重兩極化的對立：西化（西方知識傳統）與中國本位文化（中國知識傳統）的對立；傳統西方（自由民主）與反傳統西方（社會主義）的對立；反傳統西方與中國傳統文化的對立。可用下圖表示。

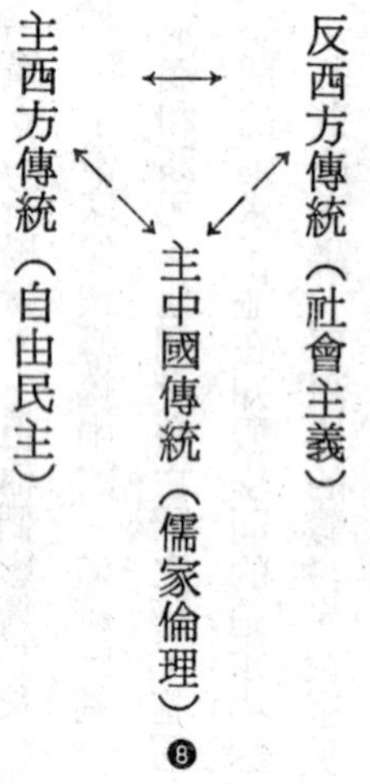

這三重兩極化的對立造成了現代中國知識界的混亂、無序、失向、複雜與糾纏，也造成現代中國知識份子在學術上、在政治立場上、在學術與政治之間的種種疑懼、種種徘徊以及種種矛盾。現代中國知識份子一方面被要求爲時代的先知先覺，另一方面又被政治勢力利用爲達到政治目的的工具；一方面被要求爲文化價值的傳承與傳授者，另一面又因其卓犖不羣遭受慘烈的迫害。

中國現代知識份子的角色自我認定也是混亂與模糊的：是繼承傳統？或是打破傳統？是主西化？或是反西化？是向右？或是向左？是反右還是反左？從五四到中國大陸文革六十年間，中國現代知識份子所遭受的痛苦和迫害何止於顚沛流離！中國現代知識份子所面臨的處境又何止是迷失徬徨！

總結以上吾人對中國知識傳統變革的認識，我們可以歸納中國知識份子爲兩大典型：一是以儒家哲學爲核心的知識份子典型；一是以中國現代化運動爲核心的知識份子典型。儒家心態的知

---

❽ 西方知識傳統所包含的不是單純的價值：不同的價值不但相互矛盾，每一個價值又有正負兩值。如自由、民主有正面的價值，但在一定的條件下又有負面的作用（如個人主義，暴民政治）。科技與現代主義作爲兩項價值，又何嘗不然？至於自由、民主、與平等，社會正義等價值相互間的衝擊矛盾，也是現代政治經濟學不能不愼重討論的問題。資本主義作爲一項價值，更是十九世紀以來爭論最多的問題。中國現代知識份子既看出西方價值之所長，但又不能否認西方文化加於中國之害。對於中國文化傳統，中國現代知識份子的心情也同樣複雜矛盾：既不能無見於中國傳統阻礙進步的包袱性，又不能不依托中國文化傳統以爲起點與支柱。

識份子典型雖有其持久的歷史與理想意義，但在歷史發展的過程中却喪失其理想的規範性而淪入空疏，甚至還產生負面的影響。在另一方面，現代化心態的知識份子典型（不論是偏右或偏左）雖爲中國現代化的中堅，但卻未能團結凝聚，內化爲堅強的理性力量。相反的，它卻在時代與世局的外力下，趨向極端與陷入膚淺，爲中國的現代化帶來重重困境與種種危機。因之，如何尋求一個兼顧傳統與時代的、綜合東方與西方的，兼能接受西方之長與批判西方之短的，兼爲整合一致而又收放自如的新知識份子典型仍是中國現代化與現代化中國所面臨到的最大難題。我說尋求，毋寧應說建造，因爲並沒有一個已經存在的模型等待發現。

自十九世紀末到二十世紀的今天，中國的知識份子對已經歷盡從傳統到現代的滄桑變革，負創累累、血跡斑斑，是否已漸漸覺悟出應具的型態，是否已確定其應負的使命、應處的地位，仍是一串難以確切回答的問題。明顯的，省思中國現代史痛苦的經歷，省思知識份子角色所犯的錯誤、所走的歧路，並盱衡時代與世界的大局，中國的知識份子是否已獲得一份特殊的智慧，是否已達到一個成熟的深度，是否能夠異口同聲的指出中國未來的何去何從，中國知識份子的取捨定奪，這些也是有待當前中國知識份子揭曉的問題。今日中國大陸上的學者重新探索中西文化之爭，把五四時期未能解決的問題重新提出，但這絕不應是五四時期的翻版，而應是含攝了五四的教訓、文革的教訓的新考察、新觀照。一個新的理性的啟蒙運動是必要的，一個重塑知識傳統的造山運動是必要的。已有一羣歷經艱辛、不畏威權的知識份子能夠肯定自我、肯定眞理、肯定良知，爲重新改造社會創造歷史帶來陣陣曙光！

爲了開拓兼顧傳統與時代，綜合東方與西方的新知識份子典型，我認爲我們不能不重新肯認上述兩項知識份子典型的理想性格，並從其中提鍊出理想的精華，用來陶鑄新的知識份子典型，也用來開創新的知識傳統。下面我就上述兩項知識典型的理想價值分別加以展現和強調：

㈠以儒家哲學爲核心的知識份子典型，無論是「士君子」或「士大夫」，都具備了一項整體性的原則信仰（名之爲「道統」）。此一原則信仰是根植於宇宙本體性與人生本性的體驗，發而爲經國濟世之學的。此原則信仰是中國傳統文化的結晶，雖非理性與知識的展開，卻並不排除理性與知識在本體思考中的展開。對此一原則信仰的實質體現者是孔子。孔子也就是中國知識份子的理想人物。孔子深信「天生德於予」，對天不欲之喪的斯文有重大的使命承諾，甚至認爲「朝聞道，夕死可矣」。他十分看重力求修身的君子之道，主張「修己以敬，修己以安人，修己以安百姓」。他的弟子曾子又發揮「士不可不弘毅，任重而道遠，仁以爲己任，不亦重乎，死而後已，不亦遠乎」的致道哲學。孟子繼承孔子道的傳統，用「大丈夫」來說明「士君子」的理想：「富貴不能淫，貧賤不能移，威武不能屈，此謂之大丈夫。」孟子又界定孔子爲集大成的聖之時者，包含了伯夷聖之清，伊尹聖之任，柳下惠聖之和，「可以速則速，可以久則久，可以處則處，可以仕則仕」。

儒家哲家規範的知識份子理想型態顯露了兩項重要的特性：良知與責任。良知是對整體價值的肯認和承諾，責任是沒有私心和偏見的追求整體價值的實現。我認爲中國現代的知識份子仍當採取這兩項傳統典型中的理想價值，作爲關心社會改造社會的主體動力。

㈡以現代化思想爲核心的知識份子典型的特色在於突出認知中國在現代世界上之地位而力謀拯救之道。此項認知包含對現代世界的認知，對西方知識傳統之認知，藉此認知來吸收西方先進的富強之道，並以之爲促使中國進步，立足於世界之道路。中山先生的三民主義就有借鏡現代西方知識傳統以發揚中國道統、促進中國現代化的精神。他的三民主義因而結合了西方知識傳統中的科學與民主思想，也重建了中國傳統的道德倫理與民族信念，把儒家的知識傳統(良知與責任)賦予了西方科學理性的意義。這樣一個現代化的思想方式無疑的提供了一個現代中國知識份子的價值標準：中國現代化的知識體系必須是中西合璧的，中國現代化的知識份子必須是同時掌握中西知識傳統之長且能將兩者結合並用的。我認爲這是一項深厚的灼見，在中國現代化運動各種型態中最能通過歷史的考驗的。臺灣三十年來經濟發展之成功不能不歸功於此一現代化的知識模式。

有了以上兩項對中國知識份子理想典型的詮釋，我們應當追問今天中國知識份子的理想典型爲何，此一理想典型的中國知識份子又面臨到何等時代課題。明顯的，今天中國知識份子的理想典型必須具備傳統典型的歷史智慧，掌握其良知與責任，又必須具備現代化典型的世界眼光，開拓其理性與知識。他更要善於結合兩者來鑽深歷史智慧，來擴大世界眼光，從而提鍊出對人類未來命運的透視與對世界潮流動向的理解。在這種雙管齊下的認知和體會下，我們就能看出中西傳統的潛力、特點、優勢與缺失何在，以及兩者如何互補與互動，藉以開創出一個理想的世界知識傳統。作爲一個現代化的知識份子，必須以理性爲方法，以知識爲基礎，以良知爲動力，以責任爲支柱去追求理想，解決問題，實現自我。從此一立場來看，做一個現代化的中國知識份子，必須對自己所屬的傳統與文化關心與負責。知識是不能獨立存在於人類生活之外的，因之並不眞正具有所謂價值的中立性。所謂價值的中立性也只是一個抽象的建構而已。知識是與價值有機的結合在一起的。知識份子也不能自外於社會與歷史，對包含社會與歷史價值的知識傳統漠不關心。因而，良知的責任與理性的知識是對一個現代化的中國知識份子將是同等的重要。

總結我們對現代中國知識份子典型的要求，可以列舉下列四項：

㈠用理性的分析與綜合來思考和認知問題、認知世界，與認知歷史。

㈡建立一個完整而正確的知識體系，以掌握世界潮流與歷史智慧。

㈢從人性體驗與歷史反省中，確立行爲的是非標準，並做出良知的價值抉擇。

㈣基於對社會國家的關懷，發爲道德責任，投注自我，貢獻自我以達到理想的目標。

以上這四個要求可名爲理性、知識、良知與責任的要求。這四個要求是結合中西兩大知識傳統而來的，也是結合古今中國的知識傳統而來。它們是今天中國知識份子應該滿足的基本條件。把這四個條件密切的結合起來，必能陶鑄成一個理想的知識份子的人格，也必能開創出一個震古鑠今的知識傳統。

有了以上對現代中國知識份子的要求，我們就很容易看出中國知識份子與中國前途的關係。我們一開始就提出中國知識份子應發揮理性、知識、良知與責任的力量來追求中國民主、法治、富強而統一的現代化目標。這是一個應然命題，但卻已先行假設了事實的認定、價值的判斷與目標的抉擇。換言之，這個應然命題已經假設了理性、知識、良知與責任的運作，而爲今日中國知識份子所必然獲致的結論。首先我們先回答爲什麼現代中國要走向民主、法治、富強與統一。

如果我們用理性客觀冷靜的考察人類歷史的發展軌跡，以及世界潮流推動的方向，我們將不難發現政治民主化是現代國家發展的自然趨向，也是現代社會與人民基本的要求。我們可以舉出三個重要理由來說明政治民主化的必要性。一是經濟的理由：爲了提高經濟生產力，爲了促進社會管理的品質，沒有民主的參預、開放的政治是不能動員廣大羣眾的主動創造力的。二是教育的理由：人類知識日增，人類參與決策與管理的要求也日益提昇。參預成爲人格實現的一個要件。故教育與知識的普及勢必成爲政治民主化的一個動力。三是安全與安定的理由：政治民主化是政治權力控制、分配與轉移的和平手段，也是解決衝突與維護社會安定、平衡與安全的最佳辦法。故政治民主化是解決政治權力諸般問題的理性途徑，其效果也在人類歷史中獲得最大的證驗。英美與西歐的政治民主制度所造成的社會成效提供了說明的楷模。基於以上三個理由，現代人類愈來愈具有理性思想與人權意識，因之也愈來愈不能容忍獨裁專制與極權等桎梏人性的制度。故政治的民主化要求已是當今世界各國普遍的呼聲。反觀中國歷史，改朝換代的時代業已一逝不返，專制極權的災禍已使人們產生極高度的民主參預意識。無論從理性思考或歷史認知來考察，政治民主化既適合人性的需要，又順應世界的潮流。

一個國家步向民主，就必須同時步向法治以保障民主體制的持續與穩定。法治是民主秩序的規劃，正如民主是法治權力的來源。有民主沒有法治將流入暴民政治；有法治沒有民主，則將造成合法獨裁。民主是權力來源與改變的途徑，法治則是維護穩定秩序的工具。兩者都是理性的運用，但代表了不同的理性功能，一是權力產生的理性化功能，一是秩序維持的理性化功能。但法治的合理性要民主來保障，民主的合理性也要法治來保障。事實上，兩者都是理性制度化、社會化的結果。因之，理性教育、理性知識發展與傳播是同時維持民主與法治的根本條件。經濟生產與分配的平衡以及財富的社會化也都必須借助理性化的法治為手段。西方資本主義國家能夠實行財富社會化政策也必依靠理性的立法與司法為基礎。中國既要走向民主，也就必要走向法治。有民主與法治的相互依持維護，人民大眾自然就獲得人權保障和財富平均化的利益了。

中國應追求富強從清末民初的自強維新運動之時就已有認識。清末中國積弱，備受西方列強侵略欺凌。中國人民大眾也普遍貧窮，變成了西方強權的俎上肉。中國必須富強才能自保，也才有力量向世界和平體系提出貢獻。我說的富強不只是指的國家的富與強，也兼指國民的富與強。就國家言，國富才能充實公共福利，國強才能促進世界和平。就國民言，民富才能發展經濟，民強才能推動文化。在今日談富強之道，當有別於在十九世紀談富強之道。十九世紀英國帝國主義的富強之道乃是靠弱肉強食，征服他國而來；今日國家的富強之道則有賴於資源的開發、資本的積聚與運用以及市場的發展，也有賴於國際經濟的合作，環境的保護與消費者的保護。此兩類活動及其配合都必須借助理性知識的應用和可靠策略的運用。中國必須走向富強，亦即是中國必須接受現代化的要求。中國現代化有賴於工商業的高度與平衡發展。此一發展自然導向富強的奠基，也為民主法治提供了必須的依持。今日的中國知識份子當不難看到民主、法治與富強三者發展的相互依持性與推動性。故考慮發展民主、法治的條件就不能不考慮到發展富強的條件，同樣考慮發展富強的條件，也就不能不考慮到發展民主、法治的條件。若用中山先生的話來說，民權或民主問題已涉及民族與民生問題，正如後者已涉及前者，而後者卻正是富強問題。

中國的統一是中國知識份子必須從理性、知識、良知與責任四個角度來肯定與追求的價值目標之最後一環。為何中國的統一是中國知識份子必須認知的價值目標？首先我們從知識著眼，認知中國原有的統一性本是一個不爭的歷史事實。然後我們從理性出發，可以判斷中國的未來統一將是同時符合中國人的利益與世界國家體系的利益的。就後者言，如果中國不統一，兩個中國或一中一臺的對立將造成地區性的不安定，而兩者投注於國家建設及世界和平維護的力量也會相應減少。若有人認為兩個中國不必對立，這將是有昧於中國歷史的看法。若有人認為可以利用國際力量來製造一中一臺，從歷史看，此一目標也將必遭受中國人永遠的抗拒與唾棄，且勢必導致種種死結，構成歷史與世界的負擔。

中國的統一是中國民族血緣和中國文化向心力的要求，因之是根深蒂固的中國歷史要求。故不可引用英國殖民美國之例以附會與錯解之。至於中國如何走向統一？回答是：中國必須在民主、法治與富強的基礎上實行統一，也就必須在追求民主、法治與富強的道路與政策上謀求統一。如果今日臺灣已先進於民主，已先進於法治，已先進於富強，今日臺灣也就已先進於統一之道。統一之道並非獨立之道。臺灣的民主化、法治化與富強化將是統一中國的力量，而非臺灣獨立的條件。吾人若運用歷史眼光與世界眼光來做理性的認知與判斷，很顯然，臺灣的民主化、法治化與富強化將具有對全中國之民主化、法治化與富強化的號召力與示範性，因之具有極重大的象徵意義。如何發揮此一情況的重大的象徵意義，正是今日中國知識份子可以用心的焦點。如何辨明及促進此一認識，以避免非理性的錯覺以及環境的誤導，也正是今日中國知識份子的職責所在。

臺灣的前途與全中國的前途都繫於全中國知識份子的覺醒與攜手奮鬥。

第一章　導論與泛論：
中國現代化的內涵與取向

一、現代與傳統的結合問題

「現代」與「傳統」是兩個對立的名詞，但兩者有確切的傳承關係：「現代」是由「傳統」衍生而出的思想形態與生活形態，沒有「傳統」就不會有「現代」，所以「現代」必須在「傳統」的胚胎中覓其根源。但「傳統」也是因「現代」而獲得獨立的意涵，因爲沒有「現代」的觀念，「傳統」的觀念就無所依附而失去相對的意義。「現代」從「傳統」中蛻變出來後，「傳統」也獨立、對象化，成爲過去的歷史的生活或思想形態。「現代」與「傳統」應彼此相互交叉了解。

「現代」是如何衍生的？我們須了解人類社會及宇宙中充滿著生生不已的變化；由於變化與發展，「現代」才得以產生。所謂變化與發展，姑且不論其哲學意涵，至少意味新事件、新問題的出現；而基於新事件與新問題的考驗，才有認識及解決新事件、新問題的觀念。

「傳統」可提供已成的制度與規範，來處理新事件與新問題，但我們也必須承認，既然歷史一直在變化與發展，新的層面不斷地開發出來，「傳統」原有的規範與體系也很難提供完整的解決方案；因此，新思考與新觀念就應運而生，宇宙創新與歷史演化的進程從未休止。就人類社會而言，新問題、新需要，以及新事件與新觀念，也就免不了相繼衍生，因此我們必須提出新方法、新體系來解決新問題、滿足新需要、處理新事件。於是取捨標準，也就有待先予決定。「傳統」不是完全可取；新觀念、新見解也未必全能接納。此處我們可指出，判斷一項處理事件的新方法與體系是否可取，有三大原則可以遵循：

㈠盡量解決當前面臨的問題；

㈡盡量維護傳統的合理規範；

㈢盡量涵蓋未來可能發生的問題，使其有最廣的普遍性。

以上三原則是理性的處理方法，是基於理性反省產生的理性認識。

就第一個原則：解決當前問題而論。我們必須先認清問題，找出問題之所在。對問題有所認識絕非易事，不只是觀念上的澄清，也不只是純粹身受體驗的問題，而是基於觀念的反省與生活的體驗兩者綜合所得的結果。尤其對社會、政治、經濟與文化問題的認識，無不需要縝密的思考與敏銳的感觸，才能獲致結論。

中國歷史傳統中，知識分子有認識當前問題的責任，所謂「先天下之憂而憂」，所憂者無非是天下的問題。傳統以儒者扮演此角色。現代社會中的知識分子是否克盡此責，實在值得檢討。本文將論及孫中山先生的國民革命，實爲澈底認知當時社會、政治、經濟及文化問題的典型例證。其後的五四運動、以至近代史上的種種演變，都充滿問題認知的危機（crisis for identifying problems）。

第二個原則：盡量維護傳統規範。此原則或可視爲普遍的設定。「傳統」是已建立的權威、習俗、信念，同時獲得社會大衆普遍的支持與認同，並代表文化上的共識（common sense）。所以「傳統」本身是一種架構，一種歷史遺留於現在的力量、過去施加於現在的力量；依此義，「傳統」可喻爲形式的力量，好比運動中物體產生的動能。「傳統」與「現代」相比，「現代」的力量得自於「傳統」，但又獨立於「傳統」之外產生作用。至於「傳統」的力量則往往更爲強大。「傳統」代表連續性，現代則代表突破性；「傳統」所表現的是收縮力，「現代」所表現的是擴張力。「傳統」所無法解決在歷史演變發展中產生的新狀況與新問題，促成「現代」的來臨。即此而論，「傳統」於面臨新狀況與新問題時即暴露其限制，「現代」的出現則代表解決問題的新方案、新觀點。但「現代」如欲貫澈其解決問題的方案與觀點，就必須盡量保存傳統的力量，使其爲現代所用，成爲現代的支持者，而非頡抗者。

爲了遵循惰性原則與經濟原則，現代化對「傳統」的態度，是盡可能取用不與「現代」衝突的傳統規範，最好是轉化「傳統」以爲現代化之用。這種轉化需要高超的智慧與技巧。往往在未尋得適當的轉化之前，「現代」與「傳統」是處於對立的狀態，而現代化往往為了貫徹本身的方案，不得不把與「現代」根本違背的「傳統」剔除。

第三個原則：現代化的方案需講求普遍性。尤其當社會的種種現象產生變革，新制度與新價值從建立到推行，都必須盡量使其有普遍的內涵與形式。這是理性的要求，是以知性認知眞實的態度為基礎所做的要求。

我們必須明白，「現代」之所以成為「現代」，是基於對變化與發展的認知，以及對認知的問題所提出的理性的解決方案。因此，上述的三個處理「現代」與「傳統」的原則，當然不能要求完全體現於每一個歷史事件中。提出此三原則的目的，在於指明「傳統」與「現代」的問題是人類歷史上一再反覆出現的問題，而解決此問題的理想方式，則必須滿足這三個原則。

人類歷史的變化與發展有其內在的驅力。此驅力可表現為兩種形態。首先表現為生命與生活的問題，亦卽人類生活的進化問題。文化由單純而複雜，人的活動範圍也由近而遠。這可能是人內在生命的拓展需求所致。其次表現為知識的發達。人類的歷史經驗，促成知識的大量累積，因而拓展了人的眼光與活動界域，也深入開發了人類解決問題的能力。現代各項學說與理論的成就、科學與技術的進展，都可以說是起源於理性知識的力量所驅使。由此可見，人類內在的生命擴張力以及知識擴張力，是人類文明與社會進化的內在條件與動力。

綜觀人類文明的發展，一般來說是漸進而緩慢變化的，很少是突然發生問題，如人口的增加、土地的開發、能源的利用等等，都是逐漸形成。但當進化達某一進程或段落時，就會醞釀廣泛的變革需求；「現代」的觀念也是歷史進程的必然產品。歷史制度之需要變革，也是應於一個歷史進化的階段而來。因而「現代」的衍生，代表歷史進化的一個階段。若要提示一個了解的模型，人類歷史的發展可視為一個「階梯函數」(step function)，到達一定的時段就需要創進；這是就整體的綜覽觀點而言。然而就歷史發展的各個斷面而言，也有如「階梯函數」一般，會發生退縮、減少的現象，亦即有小幅度的退化，譬如說：經濟蕭條、萎縮，以及週期性的經濟不景氣等等。這或可視為宇宙中自然生息現象的一個反映。

將上述歷史的發展與「現代」的必然降臨兩個觀點合併而論，我們所面臨的「現代」較諸以往的「現代」，更具有涵攝力與影響力；我們的「現代」顯然包容更多的問題。對「現代」衍生過程的了解，也不可局限於當前數十年的歷史，而必須通曉歷史發展的階段。西方的「現代」的誕生，可追溯至文藝復興，至少可推至啓蒙運動，甚或興起於科學萌芽之初。至於中國的「現代」的起點，則不得不視為十九世紀末遭受西方列強侵略的後果。

就整個中國歷史而言，中國的現代化起源較遲，又主要是受到外在因素的推動。僅此而論，孫中山先生倡導國民革命以重新改造中國社會的事蹟，應視為中國現代化的眞實起點。我們無意一筆抹煞清末鴉片戰爭後，清廷的洋務運動、自強運動、維新運動所擔任現代化先驅的角色，但這些運動受傳統的束縛，無法解決那些因變化與發展而成的大時代所引發的亙古未見的社會、政治、經濟、文化的諸般問題。因此，我們必須承認，透過中國歷史的全盤發展來看，中山先生倡導的革命實爲中國現代化的一個新紀元。

二、中山先生革命運動的現代化意義

當代學者對孫中山先生的學說與思想的研究，往往僅就其已完成的系統予以陳述與引伸，而忽視中山先生構思過程中所包涵的生命力。我們可以就下列數點來說明中山先生的思想做爲一套現代化思想的體系，完全符合前述三項解決傳統與現代對立的基本原則：

第一、中山先生的時代，蘊含着一大轉機。此轉機對中國而言，實爲生死存亡的大危機；對西方列強而言，却是擴張與征服的良機。中山先生身爲中國人，又爲知識分子，基於對中國存亡的自覺、對民族的關心，才能對時代的問題有確切的認識，同時對中華民族的歷史處境有眞切的了解。這種認識當然是從他個人的觀察與體驗得來。中山先生可算是當時先天下之憂而憂、以天下爲己任的中國知識分子的典型。由於當時社會的歷史條件所形成的機緣，使他足以正確地掌握當時國家民族存亡的問題。由他對此問題的掌握以及提出解決問題的方案來看，中山先生確實能吸收新知識、運用新思考，以因應當時的新問題。

第二、中山先生自從上書李鴻章未受重視，就體會到從上而下解決當時中國的危機根本不可行，於是立志倡導革命。此體認與決心代表智慧之機現與突進的創造力；改革傳統、打破現狀、重建新制度——中山先生的革命目標也不外乎此。但他的革命的確是「有所爲而爲」，卽：認清事實眞相，以切實解決問題。

這個從「認清」到「解決」的過程，可由中山先生的革命歷程得到充分的證成。一八九四年，興中會成立時，革命方針卽已確立爲推翻滿清政府、建立主權在民的國家，因此其章程訂爲「驅逐韃虜、恢復中華，創立合衆政府」。由此亦可見，當時滿清政府已成中華民族陷入危機的罪人，非先剷除之則解救之道不爲功。但「驅逐韃虜」之後，並不是再度陷入傳統的專制輪迴中；這裏就可顯示中山先生接觸到的新思潮，卽：共和思想與民主思想。不論是興中會主張的「創立合衆政府」或同盟會標明的「建立民國」，都代表對傳統專制封建政治的根本棄絕。專制封建加諸民族的弊害與禍患，至清末已達到無以復加的地步，而時代思潮又顯示民權思想之盛行，以及民主共和國的體制乃大勢之所趨。美國與法國的大革命都是最佳例證；美國以民主政制建立富強大國，尤具歷史意義。由此可知，認清世界潮流之所趨是醞釀新思想的淵源。

由此我們還可推論出中山先生革命的另一層意涵：他發掘了一個研判創新與變革的準則——順乎世界潮流，合乎人羣需要。所謂「順乎世界潮流」，卽前已略述之世界大勢；人類歷史的變化轉折有其內在的目的。人類歷史可視爲理性自覺的過程，奔赴理性的價值的目標，同時人還有基本的生存、生活與生命的權利，這些都是理性認知的結論。歐洲自十六世紀文藝復興肯定人文價值，十八世紀啟蒙哲學肯定理性價值，十九世紀個人主義肯定個人價值，以至十九世紀下半期社會主義肯定社會價值，莫不顯示出理性的個人權利的認知與需要。這是時勢之所趨；於是，肯定共和、創建民國乃爲順理成章之事。

所謂「合乎人羣的需要」，也是基於人性的自覺及人性的普遍需要而生。社會與歷史的有形及無形資源不應隸屬一人或少數人，而應屬於廣大的羣衆所有。因此，人羣才是社會生存與歷史進化的重心。這也是中山先生所持民生史觀的見解。（我對民生史觀另有新的解釋。民生史觀也隱含民權意識，以及民族的自由獨立的要求。容待後文詳述。）

中山先生所揭櫫的兩個準則，可以說是對易經道理的反省所得。易經有「順乎天而應乎人」的說法。變易若順乎天、應乎人，則必可解決問題。順乎天的「天」，即自然的發展趨勢、人文世界的潮流；應乎人的「人」，卽指普遍人性的要求，亦卽人羣的需要。中山先生的創新與變革的準則，實可視爲對易理變革之道的領悟所得。

第三、研究中山先生的革命史蹟，可發現他對當時中國社會的問題的態度，是不規避一再興起的新問題，而逐步研擬出對治的方案。換言之，中山先生的革命運動是逐步開展，益形成熟與完整的思想過程的實踐。他對民權思想愈趨深刻的了解與信念，促使他抨擊保皇黨的立場更爲堅定。三十歲倫敦蒙難獲救後，轉而認眞考察英國的社會經濟，孕育了民生主義的主要觀念。在他考量中國問題之癥結的過程中，也逐漸對中國傳統歷史文化面臨的危機更全盤及深入地發掘與領悟，同時對解決的方案也更通透地掌握與規劃。此項成就絕非偶然，而是他個人殫精竭慮運思謀劃的成果。由此可見，在他從事革命的策動、宣傳、交涉的活動之時，從未廢棄深入思考問題。不但如此，他還特別留意西方的文物制度與思想學說。所以在他三十九歲（一九〇五年）成立同盟會時，章程中卽已列出「平均地權」條目。由此可見他早已留心民生問題並對解決方案也早有所規劃❶。

一九〇五年，同盟會機關報「民報」在東京發行，發刊詞中首倡「民族、民權及民生主義」，是爲三民主義之濫觴。此後三民主義逐漸成爲革命的基本方略與宣傳的綱領，也成爲啓廸新思想的源泉。一九〇六年，主張制定「五權分立」的憲法。在一九〇四到一九一一年間，中山先生一方面爲革命奔走宣傳，一方面攻詰保皇黨的主張。

一九一一年辛亥革命成功，中國的問題並未隨之解決。袁世凱謀復帝制，政黨政治不得貫徹，列強侵略野心日熾等等因素，促使中山先生不得不進一步思考其中癥結之所在，以謀劃新的對治方案。一九一四年（民國三年），在東京主持中華革命黨革命方略的首次討論會，制定了「革命方略」六篇。擬訂中華革命軍綱領有四：一、推翻專制政府；二、建設完全民國；三、啓發人民生產；四、鞏固國家主權。其中有關民權者有二條。可見反滿並非辛亥前之革命運動的主旨，消滅專制政府才是革命的一貫目標，因而此綱領特別強調民權。此外，由於袁世凱與日本軍閥簽訂喪權辱國的二十一條，而特別聲明鞏固國家的主權。原來平均地權的主張也未曾放棄，因

---

❶ 一九〇七年，中山先生三十七歲時，於東京創立革命軍事學校，入學誓詞中卽列入「平均地權」條目。

此也把啓發人民生產列入目標。這些目標都是應當時迫切的問題而擬訂。

一九一七年（民國六年），在上海寫成「社會建設」（卽「民權初步」）；一九一九年（民國八年）春，「孫文學說」卷一「知難行易」（卽「心理建設」）完稿；一九二〇年（民國九年），撰寫「中國實業如何發展」，後衍成「實業計劃」（卽「物質建設」）。次年爲「實業計劃」做序。這些撰述都是爲未來建設中國繪製藍圖綱領。

「民權初步」旨在促使國人熟稔實施民主制度的程序；「心理建設」意在破除國人根深柢固的心理障礙，同時也爲他個人以往的革命經驗做一總結。「實業計劃」則指明如何利用外國「宏大規模之機器，及完全組織之人工，以助長中國實業之發達」，但又強調發展實業的權力，必須「操之在我」。

一九二四年（民國十三年），自一月二十七日至八月廿四日，系統地講述三民主義，共十六講。發揮三民主義的思想體系，以及三民主義的歷史觀點，卽民生史觀。此處無法論定講演稿與陳炯明叛變所毀之原稿是否有根本的出入。但我們可以斷言，演講本三民主義是經過中華革命黨改組成爲中國國民黨，同時召開中國國民黨第一次全國代表大會之後發表的思考成果，此中牽涉到聯俄容共、扶助工農的問題，較爲複雜，暫且不論。

基於以上所述，我們要問：中山先生規劃的中國現代化思想方案，是否合乎前述的現代化三原則？答案是肯定的。我們可就下列三點討論：

㈠中山先生基於對問題的透澈了解而籌劃出解決問題的方案，毫不囿於傳統對中國治亂問題的觀點。這種超拔流俗的精神透顯出他的智慧；此智慧足以使他掌握世界潮流與人羣的需要，從而深入問題內層，提出解決方案。

㈡我們可以看出，中山先生盡可能轉化傳統、開發傳統，以爲拓展他解決方案的後盾。他不以傳統爲沉重的包袱或棄之而後快的累贅；他倡導革命的終極歸趨，就是在歷史傳統中尋繹理想價值與理論根據，以完成中國現代化之偉業。如排滿係基於對中華民族的道統生命的維護，以及文化傳承的永繼，不得不爲之。民權主義中，中山先生引用，尚書「天視自我民視，天聽自我民聽」，孟子「民爲貴，社稷次之，君爲輕」，「聞誅一夫紂矣，未聞弑君也」等言論，來舉證二千年前中國人已有民權的見解。還有易經革卦彖辭所言「湯武革命，順乎天而應乎人」，也成爲他進一步的國民革命的註脚。至於民生主義思想，中山先生曾以「井田」來比擬平均地權。「平均地權者，井田之遺意也。」中國古代最好的土地制是井田制，井田制的道理與平均地權一般❷。「對於土地，宜先平均地權，此與中國古時之井田同其意，而異其法。」❸

總之，原本湮滅不顯或日用不知的傳統思想與制度，只要足以配合他的改革方案，中山先生都會亟力予以表彰。

❷ 參見：國父全集：第二册「演講：三民主義的具體辦法」，第四〇八頁。

❸ 參見：國父全集：第二册「演講：軍人精神教育」，第四九五頁。

㈢如前所述，中山先生所論之革命以及三民主義的理論與建設，都是從「順乎世界潮流，合乎人羣需要」的基準來發揮，卽基於理性的認知與思考來求證他人的學說與自己的論點，而非一己之私意所致。這是中山先生思想的基本原則。他的確有充分的理由聲明他的三民主義「集古今中外學說，順應世界潮流，在政治上所得的一個結晶品。」❹又表示「予之謀中國革命，其所持主義，有因襲我國固有之思想者，有規撫歐洲之學說事蹟者，有吾所獨見而創獲者」。不論淵源於何處，其標準都是順應世界潮流、合乎人羣需要以解決問題。

中山先生自陳其思想與中國傳統的關係，民國十年，第三國際代表馬林（Maring）到桂林見中山先生，詢其思想基礎，中山先生回答：「中國有一道統，堯舜禹湯文武周公孔子，相繼不絕，我的思想基礎，就是這個道統；我的革命，就是繼承這個正統思想來發揚光大。」由此可見，中山先生亟力使其思想與傳統思想有接榫之處，但此接榫必須透過上述的三原則來了解，卽：㈠解決當前問題；㈡發掘傳統思想以為根據；㈢有普遍的理性基礎與知識基礎。

總結孫中山先生的思考方式與歷程，實可標舉為中國現代化思想的模型，為後繼者籌劃中國現代化方案提供一典範。以此認識為基礎，我們如欲對傳統與現代的問題進行理性的解決，則最好以中山先生解決問題的思考方式與精神為依歸來發揮，如此才能眞正解決問題，眞正把三民主義的精神推廣、落實，同時使三民主義的學術內涵不只在涵蓋面更為廣博，還在深度上益形充實。

---

❹ 參見：國父全集：第二册「演講：三民主義的具體辦法」，第四〇五～四〇六頁。

三、三民主義包含的問題學與方法論

三民主義系統的完成，象徵當時中國面臨的問題首度得以系統地集結與表明，以及大規模的對治方案也首度予以詳盡且深刻地規劃。而問題與方案合成的整體本身有其內在的邏輯性與發展性，透過此邏輯性與發展性，可窺見三民主義活潑的思想生命。

孫中山先生欲解決的第一個問題是國家民族的存亡問題。這是最早浮現的問題，當以民族主義的方式解決，即：建立一個獨立自主的國家。現代化不可無基礎本體，因此必須獨立自主的主權爲基礎。中國當時最大的危機，就是主權已分崩離析，操於列強之手。中山先生說當時的中國是次殖民地之意在此。若能脫離列強之控制，建立主權獨立的民族國家，其主權之表現必不可陷入昔日專制封建的窠臼。理由至爲明顯：民族之所以遭遇空前的危機，除了列強的侵略，當時中國政治本身的積弱與弊病，更是主因。清廷的腐敗，專制皇帝大權在握却昏庸無能。政府與人民之間隔閡深大，造成互不信任。人民受迫害却得不到任何保障。凡此種種毒害的癥結，在於當政者毋用對人民負責。政治體制中從未規約皇帝須負政治責任與接受錯誤施政的懲罰。體制中也缺乏對立的力量責其負責。中國歷史上也有若干主動負責的君主，但賢君的產生完全取決於君主本身的修養，而沒有制度足以保障永遠有負責的君主在位，一旦昏君在位。專制體制反而保障他的掌權，使人民受害益深。依中山先生之意，中國歷史上眞正負政治責任爲人民謀福利的君主，

「只有堯舜禹湯文武，能夠負政治責任，上無愧於天，下無怍於民」❺。其他都是不負責的君主。所以他又表示中國「現在的文化不如唐虞，不如秦漢」，所以二千年來都是專制，沒有發展❻。

有此認識在先，復以中山先生觀察到西方政治思想以民權思想爲新興之正統，民主的國家政治上軌道，人民權利有確切的保障，因此他主張若要建立一個新中國，主權必須在民，共和制度必須貫徹。中山先生對君主立憲頗不以爲然；君主立憲還不是套牢在一個大的封建傳統中另立的一套保護君權的體制。以中國專制積弊之深，君主立憲必大受牽制而不會產生根本的變革。百日維新失敗，適足以證明專制君主基本上還是排斥立憲，並無誠意與人民共同遵守一套客觀的憲法。保皇黨的讕言也早已失去時代的意義。由此可見民權主義的形成，也有其歷史背景與社會考慮，從而孕育成建立一個現代化中國的方案。

最後，雖然主權在民，此一主權如何實施也獲得解決，但這並不表示國家的所有問題都已迎刃而解。人民的生存與生活的問題，仍懸留未決。中山先生以其高瞻遠矚之識見，提出許多當時尚不顯著的問題。更重要的是，他對中國人民普遍的生活困境，以及種種制度造成生活的問題，

---

❺ 參見：演講本三民主義：第五講。

❻ 參見：國父全集：第二冊「演講：知難行易，民國十年十二月九日，桂林學界歡迎演講詞」，第四六七頁。

有深刻的認識。其中最嚴重者是地權不平均的問題。中山先生指出，農民佔中國總人口的百分之九十，土地却集中在少數地主之手。一般農民普遍皆窮，此可由農村生活的疾苦看出。以中國農民人口之多，土地所有權若分配不均，必造成社會貧富懸殊，導致社會不安。因此欲求國家富強，除了發達民權外，還要求社會財富分配平均。若財富分配不均，人未盡其才，地未盡其利，物未盡其用，貨未暢其流，受害者是社會大衆。從根本着眼，因之地權必須平均分配。

西方國家雖然民權發達，但財富分配不均。資本主義發達後，遂有社會革命運動風起雲湧，鑑於此，中山先生提出了節制資本的方法來解決此一問題。對貧富問題的深入見解，中山先生在一八九〇年，二十四歲時，致鄭藻如的書信中已提到❼。一八九九年在日本，與梁啓超談土地問題時，指出農民有沉重的地租，若實行土地國有，授田耕者，使耕者直接納租於國家，免除地主這一層剝削，農民的生活才能改進。與章太炎談話時亦提及❽。這是中山先生對中國貧富問題的看法，再參考當時西方的社會問題而創行民生主義，才有平均地權，節制資本的主張，以及後來耕者有其田的社會政策。這可以說是他逐步認清中國現代化所面臨的問題，而逐一提出解決方案的結果。

三民主義本身是對治問題的解決方案，有其一貫的問題邏輯的進程：基於問題的確立，而提

❼ 參見：國父全集：第八冊（補篇）「致鄭藻如函」，第二九七頁。
❽ 參見：國父全集：第二冊「談話：論均田之法」，第七八六～七八七頁。

出解決方案，其步驟是一層層深入問題的核心，然後統籌發揮所得的成果，以求徹底的解決。依三民主義內部邏輯的次序，我們可以肯定民生問題的解決，有待民權問題先行解決；民權問題的解決，也有待民族問題先行解決。民族若不能獨立自由，眞正的民權政治也就成爲泡影；民權政治不行，人民權利沒有客觀的保障，也就不得貫徹均富的民生主義的目標。因此，民生主義預設了民族與民權問題的認知與解決，以爲其最後的解決奠定基礎，絕非獨立於民族與民權問題之外可另謀解決之道。民族主義與民權主義也以指向進一步問題的解決爲其存在的理由。

胡漢民先生在對中山先生思想研究中，表示三民主義有其連環性⑨。所謂連環性，是指民族主義是民權主義與民生主義的民族主義，民權主義是民族主義與民生主義的民權主義，民生主義是民族主義與民權主義的民生主義。此見解無可非議，但未表露三民主義發展過程中的內在邏輯以及問題轉折的內在邏輯，也沒有顯示民族、民權、民生主義，除了相互依持外，還有先後條件的次序關係，即：民生主義之實施，以民族主義與民權主義之實施爲先決條件；民族主義更進一步的發展，也需要民權與民生主義初步工作的完成，民權主義同樣需要民族與民生主義的初步建設爲其基礎。連環性必須就其中動態的辯證過程來看。我們可以下表明之：

⑨ 參見：胡漢民：「三民主義的連環性」，收錄在「三民主義研究重要文獻」，陽明山莊印，第四三五～五五一頁。

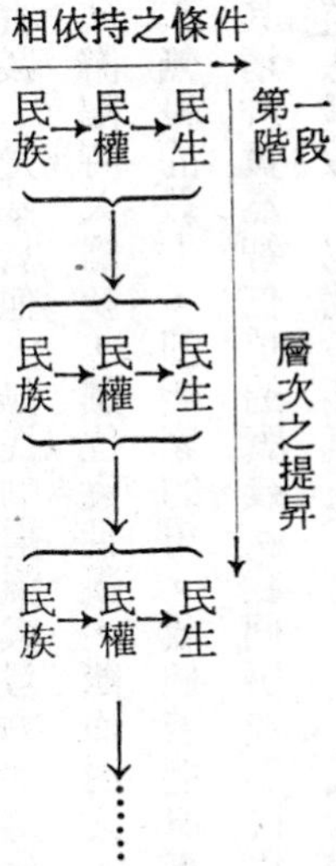

民生預設民權，民權預設民族，此階段的三問題一旦解決，即可提昇至另一層次。三民主義若以方法論看待，就必須分辨出其中的層次。中山先生提出三民主義時，並沒有表示三民主義還有高低層次的問題。但這並不表示三民主義只有平面、單層次的問題廣度，同時連環性也不是單向單面的前後呼應，而是具有進化內涵與潛力的連環性，亦即包含辯證地超越、躍昇、突創，否則將形成思考的遲滯與僵固，以至頹萎。

對三民主義內容形成的反省，構成研究三民主義的方法學；對三民主義所對治之問題來龍去脈進行探究，自邏輯發展學的觀點論之，可引導一門「問題學」的成立(theory of problems, or theory of problematics)：認清問題以求逐步解決，解決程序有明確的先後關係。一旦問題解決，又要回復面臨認識新的問題，在另一層次上重覆尋繹問題，再行程序上的解決。此與現代詮釋哲學的思想若合符節。詮釋學有所謂「意義圓環」或「解釋圓環」(hermeneutical circle)的概念，就是由部分的問題來解決全體的問題，再由全體的問題來解決部分的問題，經過反覆的發展過程處理，最後才能把所有眞正的問題逐步發掘，再予以解決。問題自是層出不窮，解決方案也需推陳出新。

依我個人的了解以及上述的研究所得，三民主義允許、甚或鼓勵新問題的出現以及新方案的提出，但都必須符合前述的三原則：用最新知識正面解決問題，超脫傳統之外；引伸傳統以支持解決問題的方案，或做爲新方案的靈感根源，然後再運用理性的思考實際解決問題，並使其能推展至新的問題，或幫助我們認識新的問題以求解決。

從中山先生規劃的種種解決方案來看，中山先生實具有儒家所標榜的智仁勇三德，同時發揮三者至極。他能明智地認清問題、解決問題，亦卽脫離傳統權威，基於理性判斷與經驗求證來認識問題，而予以明白地表達，此卽智者的性格表現。他對中國的重建與新生，文化的存續，人民的生活與安樂，都付出極大的關注。尤其是農民的疾苦，引發他平均地權的構想，足以表現他的仁心。他考量問題、立訂方案，完全是基於愛心，而非參雜任何個人或階級的利益因素，將此精神付諸實踐，是基於他大無畏的勇氣與毅力。這分勇氣與毅力在他一生行事中隨處可見。如民國建立後，辭臨時大總統，讓位袁世凱，繼而討袁，改組國民黨，釐定建國方略。凡此種種，無不表現他大無畏的毅力，卽儒家的勇。我們若能眞實了解中山先生籌劃三民主義的心態與體驗，當可體會其精神實爲智仁勇的實踐。我們研究三民主義，若不能切實把握其中道德的根源，亦卽智仁勇的道德體驗，也就不能眞正了解三民主義的精華。因此，三民主義不只是方法學，同時也是道德學。

此外，中山先生為了使三民主義具有堅實的理論基礎，以使三民主義可成為中國現代化的指導原則，他也闡述一些基本學理來強化三民主義的理論內容。中山先生自述其三民主義「集合古今中外學說，順應世界潮流，在政治上所得的一個結晶品。」⑩由此觀之，三民主義的理論淵源相當豐富；三民主義本身只是解決方案的呈現，其背後實有厚實的學理基礎。我們要發揮、實踐三民主義，須就其根源與本體去了解，而本體的了解，則須透過學術思想研究與生活經驗反省兩方面着手。把三民主義視為方法，更須透過問題學的了解，以及對問題的解決方案加以獨立判斷，再不斷吸收新知識、製造新機緣以求解決。

當前對三民主義的研究流於形式，解決方案成為教條與口號，年輕的一代多有視之為僵化的政治宣傳，這當然是誤解，究其因，實為不了解三民主義的眞實生命源流之故。若無此了解，無論談什麼三民主義哲學、三民主義經濟學、三民主義藝術，都只是無益的附會，而不能掌握中山先生的思想與精神。如欲掌握中山先生的思想與精神，就必須理解其仁心、智慧與勇氣，從經驗中汲取與認知問題，從學理中反省與思考方案，而不把一方案或一主義供奉為神聖。要在變動的問題中尋繹不變的原則；不變的原則須永遠落實在變動的問題及解決方案中，以接受考驗。這需要大智、大仁、大勇來體現。

⑩　參見④。

再回到三民主義所涉及的學理。學理之主體包括「建國方略」中的三大建設：心理建設，卽孫文學說中的「知難行易」之說；社會建設，卽「民權初步」的提出，還有物質建設，卽「實業計劃」之主張。「知難行易」之說顯然是針對民族問題而發，因爲民族問題的解決，部分實繫於民族的心理態度是否健全；因此，「知難行易」的學說可視爲民族主義的一個基礎。「民權初步」則是針對實施民權主義的需要而訂立。書中所陳述者，都是民主會議程序所需留意之事，旨在培養人民的民主習性。因此，「民權初步」可視爲民權主義的一個基礎。「實業計劃」則着眼於民生建設的規劃，旨在富裕人民的物質生活，因此可視爲民生主義的一個基礎。我特別強調三大建設都分別是三大主義的一個基礎，因爲民族、民權、民生的問題是多面的，牽涉到許多三大建設之外的問題。這些問題都應受到同樣的重視，同樣以中山先生的思考方法與精神來發掘與探究，而不可先驗地一舉概括。

最後談到中山先生的「民生史觀」。「民生史觀」是中山先生思想發展過程的最後結晶，也是他針對許多新問題所提出的整體的哲學見解。基本上，民生史觀是站在與「唯物史觀」，以及當時歐洲的歷史哲學對立的立場。但民生史觀本身的理路開展，必須配合各種學說來說明，引進新知識來解釋。「民生史觀」以民族主義及民權主義的理想爲其歸趨。沒有民族的形成，沒有民權爲其標準，幾乎不得言歷史的進展，歷史之進展不只是由於解決了生活的問題，還因爲解決了權力配屬的問題、生存意義的問題。這些問題都可因「民生史觀」的提出而得到相當充分的解釋。

「民生史觀」說明歷史的發展與進步的重心在生存——羣衆的生命、生存、生活，也在於充實人民個人的生命、生存、生活的意義。因此，「民生史觀」必須肯定民族的獨立自主，以及個人生命賦有文化理想，在政治上人人享有自由平等的權利。今日各國無不重視經濟發展，但若不同時留意民族的獨立與自主，以及民族文化的存續與發揚，則經濟實權必將落入外人手中，文化領域必將淪爲外來文化的翻版，而成爲一無面目、無生命的純商業社會。此正與「民生史觀」的理想目標大相逕庭。

基於以上的基本分析，我們如欲討論傳統與現代的結合問題，不妨以三民主義做爲結合的模型，以及認知與解決問題的方法架構。因此，我們可從傳統與現代結合的討論範域內歸結出三個問題：一、文化問題；二、社會問題；三、生活問題。文化問題是基於深入了解民族的涵義與問題的涵蓋面而提出。社會問題是基於深入了解民權的涵義與問題的涵蓋面而提出。生活問題是基於深入了解民生的涵義與問題涵蓋面而提出。欲徹底了解這些問題自然需要掌握三民主義包含的問題學與方法論，以發掘更多的問題，找尋更多的解決方法。

文化、社會、生活分別代表一個整體的三個重要層面。此三層面如何交接面是很重要的問題。三者可視爲羣體生活與個體生活所必須面臨的問題，也涉及現代社會科學所包括的文化科學、社會學及經濟學所面臨的諸種問題。我們必須透過對人類社會生存體系以及民族文化歷史傳統體系的認識，來接觸與掌握各種問題。基於對這些問題的掌握，才能進一步引伸三民主義的內涵，同時也才能更充實其哲學思想基礎。

第二章　文化問題：兼論民族主義的基礎問題

一、文化與民族

文化問題何以是民族主義的課題？何以構成民族主義的內涵？文化與民族的獨立自主有何關聯？爲什麼可從文化問題談到民族主義？

我們先從最後一個問題開始回答。這個問題實質上與「爲什麼可從民族主義談到文化問題」所要求的解答並無軒輊。

在中山先生所處的時代，提出民族主義是爲了解救民族生存的危機，滿清政府的顢頇與腐敗，導致中華民族覆滅的危機。但此危機果眞可完全歸咎於滿清政府不當的內外政策？或可諉之於當政者的愚昧無知？還是應當上溯罪源於滿清政府的文物制度與思考方式？

檢視滿清歷史，其閉關自守、井蛙之見的閉塞心態，自始就是一個文化大問題。此外，其專制政權罔顧民間疾苦及社會生存，也都是文化問題。從滿清的政治實況，進而檢討其政治制度，再從政治制度轉而綜觀滿清的歷史，然後從滿清的歷史上覽中國兩千年的專制王朝歷史，中國專制政權背後的思想習慣與價值觀念卽可逐漸明朗；也可察覺民族生存的危機卽是文化的危機，也卽是已延續數千年命脈的中國歷史傳統的一個歷史危機。

從文化的持續與發展觀之，民族危機象徵文化的沒落。因此如欲了解民族危機，必須深入反省文化的利弊，以求在文化中覓得危機之根源。不論是彌補文化衰落、民族積弱所加諸整個民族的創傷，或促使民族自主獨立，亦卽維護與加強構成民族健康的因素，顯然都是非常重要的課題。我們若從民族主義本位的立場考量文化問題，必定着眼於如何加強民族獨立自主的要求，因此所得的結論是規範性的。但若從文化本位的立場綜觀民族歷史的發展，則是對歷史本身的檢討，因此所得的是理性的、認知的成果。所以我們應先從文化本位來檢視民族主義的需要與發展，再進而從民族主義的解決方案來規範文化的發展。如是才是認知與解決問題的正規途徑。

此處所言的「文化」，是指歷史傳統所包容的價值內涵、文物制度、行爲方式，還有生活習性、意識型態等等。從學者討論文化的論述中，我們可知物質文化與精神文化的區分，雖然像許多二分的現象一樣，不盡妥當，但仍然很有用；我們談民族的繁衍與發展，就可從物質與精神兩面來討論。但就文化發展的問題而言，什麼是促成文化向前進展與孳衍的因素？形成文化停滯倒退的原因何在？民族文化的根本覆滅又是什麼緣故？某些文化又能從覆滅的危機中振衰起敝，以至復興，又可追溯至什麼原因？這些都是値得深入探究的問題。

我們審視中國的民族與文化，僅就精神與思想層面而言，顯然有豐富的內涵，此可就古典中國哲學來了解。古典中國哲學的主體爲儒家思想，我們可集中心思於儒家思想的剖析。

儒家思想塑造了中國文化與中國、歷史的主要傳統並決定了中國社會中主要的行爲規範；儒家的政治哲學與倫理哲學構成了中國文化的核心。此核心爲民族據以發展與建制的基礎。但是，儒家的政治哲學與倫理哲學如何解釋中國文化會發生後世的危機？中國歷史上的危機是否可以證明儒家思想需要澈底的自我檢討？又是否可以藉以認識中國文化的問題根源？中國歷史上的危機數度轉危爲安，是否足以證明儒家思想本身具有化解自身危機的能力？若然，則滿淸末年中國陷入民族危亡的危機，爲何儒家本身不足以對治，而需要新方案，同時何以許多學者以爲儒家思想需要重新解釋？這些問題都有待深入挖掘。最後，如何將旣爲形成問題因素又爲對治問題所不可不考慮的儒家思想，與提供解決問題方案的西方思想與學說，合爲一體，以求中國文化的再生與綿延不絕，將是中國文化所必須通過的最大考驗，當然也是儒家面臨的空前考驗。在此考驗的壓力下所做的反省，也許更能啓發出民族主義的基本內涵與解決方案，因而再逼顯出民族主義的基礎問題，做爲結合現代與傳統在文化面（卽民族主義面）的思考重心。

探究一個文化，可分別就其起源、實際及理想三方面來加以考察。此外，若與其他不同文化對照比較，則益可發現其中許多特質。循此路線研究中國文化的論者，多有獨到的見解❶。

下文將就中國文化的起源、實際與理想做一簡略的論述。

二、中國文化的特質與得失

中國文化發源的生態環境，基本上是安穩平和的，天地自始卽被視爲人的依恃，如人之父母，此可名爲天人順應的生活思想。希臘文化孕育於征服自然、開拓新殖民地的文化體驗，顯然與此大異其趣。印度文化感悟自然與人事之無常，從而追尋宇宙眞際（大梵天），也與中國文化迥異。至於希伯來文化孳衍於奴役與流離的苦痛中，因而尋求上帝之天國的宗教體驗，以及歐洲文化自文藝復興、啓蒙運動、科學革命，覺醒了戡天役物的心態所造就的文明，更與中國文化有根本的差別。

中國文化是內斂且平和的文化。孫中山先生也指出，中國文化是一王道的文化、和平的文化，以和諧爲終極的歸趨。文化的原始經驗可分對人與對自然兩層而言。兩層經驗基本上是平行一致的；人與自然的關係是調和且順應，人與人的關係也就調和與順應。中國文化自始卽要求人間的和睦與上下順應，進而達到人與自然間的順應。尙書堯典把人間的倫理表達得至爲精簡：「

---

❶可參考下列諸書：陳立夫：「四書道貫」；牟宗三：「中國哲學的特質」；成中英：「中國哲學與中國文化」；梁漱溟：「東西文化及其哲學」；方東美：「科學、哲學與人生」；唐君毅：「中國文化的精神價值」。

克明俊德，以親九族，九族既睦，平章百姓，百姓昭明，協和萬邦，黎民於變時雍。」這完全是和睦之氣自內而外輻射散布於四方，不只存於人與人之間，抑且存於人與天之間。中國儒家的五倫就是基於自然血緣而建立家族與宗族的內外相對的關係名份，都是以和諧爲重點。這種和諧的經驗深化於個人，就形成個人修養的哲學。對自己的性情與欲望加以陶冶、修持，以培養出順應他人及自然的心性，而與週遭一切和諧相處。文化的原始經驗顯然在此有決定性的作用。各文化的原始經驗可透過比較文化的研究推比出來❷。

一個文化也有其理想性，表現於其價值的建構。我們可從一個文化的歷史記載與典章制度中，歸結出一些理想價值。理想價值的源頭有二：文化的原始經驗，以及現實生活經驗。而一個文化奉爲經典的古籍，即理想價值之所寄。中國文化的典籍，不論是五經或諸子，都代表文化經驗對現實問題的反省結果，從而樹立規範，供後來者依憑。因此，文化價值的發掘與建立，不但代表文化的理想，卽文化經驗對完美的投射或歸趨，同時也具有規範的作用。正因爲現實社會發生問題，引發人心企求秩序的嚮往，所以才有理想的規範提出。中國的典籍多半是政治的或社會的規範。尙書洪範卽帝王的政治的規範。大誥、康誥則爲社會的規範，告誡人民不要耽於逸樂，是對殷商覆滅的警惕。事實上，儒家的所有典籍都透露了文化的理想性，同時也代表針對種種文

---

❷ 比較文化的發源與特徵，有所謂文化定向論（The Theory of Cultural Orientations）。其旨在基於文化的原始定向，解釋文化發展的基本型態，及其後孳衍的種種不同的文化體系。

化問題所訂立的規範性措施。

文化的價值之爲理想與規範，而非幻想與玄想，在於此理想與規範可引導價值落實現實生活中，成爲個人乃至社會共同實踐的方向。理想價值的實現並非挾泰山以超北海之事。即以大學之道所標擧的理想而言，由明明德，親民，到止於至善，即天下太平的大同世界，並沒有任何先天的因素使之不可能甚至於在實際歷史過程中，也有典範遺留，如堯舜之治。但是，我們可以反問，何以往後數千年的歷史實踐却從未成功過？何以中國文化又數度落入大型刼難？何以先秦儒家標擧的文化理想與價值，不能在往後的政治生活或個人生活中普遍地實現？爲何中國歷史具有週期性的墮入腐化黑暗的特性？此一過程爲何終至造成清末史無前例的浩刼？

這些問題牽涉到複雜的歷史機緣，很難用精簡的文字予以完整的解說，但基本上我們可歸因於理想與現實間的差距。文化理想價值的孳衍與文化的根源有關，但文化理想價值在歷史上的維繫不墜以至充分落實而發揚光大，則大半取決於現實文化的發展條件。文化的理想需要有利的實踐條件，這些條件，除了對理想有確實的認識之外，還須有實現理想的意志與權力。若缺此意志與權力，徒有對理想眞切的了解，無論是個人，或社會與國家，都無從實現。反之，若理想的自覺始終僅限於少數知識分子，羣衆的意志只集中於和權與私利的謀求，而不辨理想爲何物，則理想終究也是空談。

中國文化的現實面顯然缺乏有利於理想實現的條件。一方面歷史與社會因緣形成了二千年的專制政權體系，另一方面中國文化之重安定因循與上下順應，更造成專制政權體系的牢不可破。於是，社會大衆普遍對文化現象缺乏更新的自覺，而把政治制度與專制政權認同於中國文化。當然這不可完全歸咎於社會大衆的無知；身繫文化理想價值的儒者，囿限於根基已固的專制政權的格局，無法另闢文化理想價值的新出路，才是令人既不解又痛心疾首的現象。一個政權如何和平地轉移，此一問題，二千年來竟無人予以正視。歷史上的民間起義、諸侯討伐被視爲常態，也被視爲歷史遭遇變局時必經過程；無人深入考慮如何控制此一過程以維持政治上的平和與清明。儒者在觀念上的偏差，顯然是在於把君權爲主的政體視爲天命不可易，而根本缺乏主權在民的觀念。尚書所言「天聽自我民聽，天視自我民視」，旨在告誡君王應爭取百姓的支持，而不是主張人民爲政權的來源。政治權力仍爲天所賦予，或百姓透過天賦予，或百姓於某一時候早已交付出政治主權，而由某一君主施行。不論如何，君主行專制被視爲唯一的體制，君臣關係則是無所逃於天地之間的一大倫常；此爲儒者囿於歷史、社會因素而劃地自限的認知結果。卽使原始儒家如孟子有「民爲貴，社稷次之，君爲輕」的言論，這也只是指明人民爲國家的最重要的分子，君王不可不予以重視。但孟子對權力的分配却不曾提及，也從未設想一套新制度將權力賦予貴重的人民，而控制輕賤的君主的權限。其唯一的控制方式就是前述的貴族誅伐或民間革命。

在專制政權的體制下，內部的不安，固然可用「彼可取而代之」的改朝換代的方式來解除，但外來的刼掠，則無妥善之策可救；「中原文化」這樣的一個文化的國族（引用中山先生所說由家族擴大為宗族，宗族擴大為國族的國族）依然是傳統政權所必須維護與傳續的對象。因此，外力雖也可造成改朝換代，但無法根除中原文化的影響，反而逐漸被同化；不論是五胡亂華、蒙古入主、滿清滅明，這些外來的文化並不足以把本土文化取而代之，最終還是消融其中。於是多次民族危機也都如此化解。

這裏牽涉到一個根本的觀念。追溯至周，「夷夏之防」的主張，不只是政治的概念，也是文化的概念，但卻絕不是狹隘的種族區分。「中國」代表一文化同質的集團，基於本身理想價值的向心力以及文化尊嚴的維護，因而對中原文化圈之外的四夷蠻邦，都一律視為未開化的「野人」（不是一名「文化人」，而中國文化教化下的人，一向只認中國文化為唯一的文化。）。察證十九世紀以前的歷史，此觀點實無可厚非，因為四鄰各族的文化水準，的確遠低於中國文化。但滿清入主中原之後，關閉自守，對歐洲新興國家的發展圖強完全矇矓無知，西人東來，不能知己知彼，招致橫辱，這與清代以來的封閉心態實有密切的關係。同時也反映了同化及教化外夷的社會與政治意識之深植人心，乃轉而形成對待外來文化的金科玉律而不能隨機應變，與時偕進了。

由上所論，我們可以歸結出兩點結論：

㈠中國傳統的文人士子，誤認在專制政權的格局中，儒家的文化理想價值是可以實現的；此外，儒家的政治與社會意識也擺脫不開君權的政體。在這些錯誤的觀念誤導下，不但理想不得實現，文化的進展沒有突破，反而造成理想的墮落，以及識見的偏狹，文人士子淪為仕宦途上的奴隸而不自知，甘受專制君主的支使。

㈡歷史上的民族危機都是來自較本土文化低落的文化，憑藉中國文化中的理想性的感召力，以及優越的文物制度的廣大包容與同化的力量，得以一再轉危爲安，維繫民族文化不墜。如是的文化經驗促使本已存在的「天朝」的幻覺更加牢不可破，無形中培養出抗拒進步（或改革）的心理，造成中國文化停滯不前，妄自尊大的性格。

這兩個堪稱中國文化的弱點或限制的現象，直到清末列強侵入，才暴露其根本的錯誤。清末中國面臨被蠶食鯨吞的危機，此危機不再是改朝換代，或同化、教化侵略者就可化解的問題。清末的民族問題，不只是國家對外的主權瀕臨崩潰，更是本土文化在外來文化的強大壓力下面臨全面潰決的地步。就前項主權喪失的危機而言，滿清政府若因列強之力而垮臺，則中國之被瓜分勢將無可避免，「中國」也將成爲地理名詞。危機形成的主因，在於君權發展至極，因而罔顧人民的福祉與國家的尊嚴。君權行專制的弊害，此時一發而不可收拾。於是，眞正的大逆不道，不再是欺君罔上或陰謀反叛，而是昧於大局，做君權的擁護者。推翻滿清的歷史意義，就不只是推翻異族統治，而且是剷除專制政權。

再看外來文化的優越性。列強侵略中國的依恃，不只是船堅砲利，更重要的是其利器之基礎所在之高度發展的文化。歐洲科學革命後與資本主義興起的文化挾其雄厚的優勢，不但顯露在船堅砲利，也在宗教信仰、科學理論、商業活動、企業精神等文化現象上表露無遺。西方文化在此數方面的優越性，非當時多數中國人的心靈所能理解。本土文化一向自居唯我獨尊的地位，其基本的趨向是保守、靜態與收斂；對歐美文化近二、三百年的進展，矇然無知也無意了解，更無法體會到如是發展的結果，終將影響本土文化的存亡。這是本土文化的原始經驗與二千年的歷史經驗所積習成的內在弱點。

一旦對高度發展的文化有所認識與了解，本土文化就亟待深入地反省。此反省自五四以後已成大批判、大揚棄。但從民族主義觀之，滿清的覆亡，象徵專制君權的滅絕，此後當建立民國，還政權於民；此外，吸收西方文化尤屬當務之急，因其乃爲改革本土文化的憑藉。由此觀之，中山先生的民族主義所揭櫫的關鍵事件，乃是解救中國歷史上空前的文化與民族危機；中國文化現代化的改革。

中山先生的中國文化現代化方案，不只是接受西方的科學知識與技術文明，而且要澈底發揮中國的王道思想，爲世界和平努力。他一方面以西方的民權思想維護中國民族的自由平等，一方面也希冀藉着推廣中國人求和平、講王道的思想，來泯滅歐西各國的國際霸權的爭奪。因此，他的民族主義，不只對中國的民族與文化危機提供化解之道，同時對世界的民族與文化危機，思有以消弭於無形之途。中山先生高倡發揚中國固有的王道思想與和平主義，以領導世界潮流，使臻太平大同之境，其眞正意義在此。

由中山先生刻意尋繹中國傳統文化中可以爲世界其他文化法式的努力，我們可以察覺到中山先生過人的識見。他觀察到中國人在列強帝國主義的政治與經濟的雙重壓迫下，已經逐漸喪失民族自尊心、創造力與活力。一個民族，若缺乏自尊與自信，以及創造的活力，也就在精神上不能立足於世界，最後的命運必定是遭受到其他民族的凌夷與奴役。中山先生領導的革命所要解救的危機，不只是民族失去獨立自主的危機，抑且是中國文化內部消沉的危機。如果一個民族喪失對自身文化的自尊與自信，如果一個民族不能自我認同，這個民族就必然缺乏向心的凝聚力而分崩離析。所以，中山先生的民族主義是以復興民族自尊與自信爲目的，同時也以發掘及運用民族文化，以期對世界有所貢獻爲目的。

中山先生爲了達到恢復民族自尊心與自信心的目的，同時也爲了解決西方帝國主義間霸權爭奪的問題，於是提倡恢復固有道德知識與能力。中山先生在民族主義第六講中指出：「我們如要將來能夠治國平天下，便先要恢復民族主義和民族地位，用固有的和平道德做基礎，去統一世界，成一個大同之治。」這裏的大同之治和當時帝國主義者標榜的世界主義必須截然劃分。世界主義是帝國主義者爲了掩飾自己侵略征服的野心，及變相泯滅國家觀念的幌子。帝國主義者根本反對民族主義，欲以霸道統治世界。大同思想則主張民族自主，而以王道爲手段，尊重各民族文化的生存權，以達到世界和平。換言之，大同思想是愛和平、重人道，能夠擴充自由、平等、博愛於世界人類的主義❸。

---

❸ 參見：國父全集：第二冊「演講：五族協力以謀全世界人類之利益」，第二五八～二六〇頁。

三、文化復興與大同之治的起點——民族主義

中山先生曾強調：「對於世界諸民族各保持吾民族之獨立地位，發揚吾固有之文化，且吸收世界之文化而光大之，以期與諸民族並驅於世界，以馴致於大同。」他又提出「大亞洲主義」的構想。此可視爲中山先生爲了抵抗西方帝國主義的霸道強權，因而號召亞洲被壓迫國家團結一致，共同以王道爲世界和平及大同而努力的第一步。他指出：「我們講大亞洲主義，以王道爲基礎，是爲打不平。」「所以我們現在提出來打不平的文化，是反叛霸道的文化。」❹中山先生的「大亞洲主義」最主要的宣揚對象就是當時的日本帝國：「夫中國與日本，以亞洲主義開發太平洋以西之富源，而美國亦與其門羅主義統合太平洋以東之勢力。各遂其生長，百歲無衝突之虞。」❺又呼籲日本作「東方王道的干城」，而不作「西方霸道的鷹犬」。由此可見，中山先生的「大亞洲主義」就是他的大同主義具體而微的實現。至於其後日本軍閥所倡「亞洲門羅主義」、「大東亞共榮圈」則完全是帝國主義式的世界主義的縮影，與中山先生的「大亞洲主義」根本背道而馳，不可不辨，以正世人史實判斷之視聽。

---

❹ 參見：國父全集：第二冊「大亞洲主義」，第七七〇頁。

❺ 孫中山：「中國存亡問題」（民國六年），見中國國民黨中央黨史會編「國父全集」（民國五十四年十一月初版）第二冊七——八頁。

不論是大同主義或大亞洲主義，都是以民族主義爲基礎，以世界大同爲目的，正是要消滅帝國主義者所倡之世界主義。大同之治還是要以恢復固有道德智識與能力爲先決條件。我們先討論固有道德與智識。中山先生在民族主義第六講中指出，中國有一段最有系統的政治哲學，就是大學中所說的「格物、致知、誠意、正心、修身、齊家、治國、平天下」的道理。這個道理，「本屬於道德的範圍，今天要把他放在智識範圍內來講」。這個認定頗具深義。我們必須確實認知這段政治哲學的可行性，以及足以解決政治問題的根據何在。這是值得以理性認知態度研究的課題，而不是個人主觀修持的工夫問題。既爲政治哲學，就是可以普遍化的認知，而爲客觀研究的對象。我們若能以探究知識的態度和手段來研討「格致誠正修齊治平」的道理，一定可歸結出很多有意義的結論。反之，若始終放在道德的範圍，就很可能一直讓人「習而不察、不求甚解、莫名其妙」。（民族主義第六講）

至於固有能力的恢復。中山先生在民族主義第六講舉證多項中國古老的發明，如：指南針、印刷術、瓷器、有煙黑火藥、茶葉、蠶絲織品、拱門、弔橋等。但我們要恢復的創造能力，並不是限制在這些日用品與建築上；中山先生提倡恢復固有能力，主要目的在於恢復傳統中的創造能力與信心，然後基於此信心與能力，把創造力用於當前科學與科技的研究上。

有了知識能力與信心，就可進一步吸收歐美的知識與長處。中山先生指出，因爲中國人幾千年來已有很好的根底和文化，所以去學外國人，無論什麼事都可學會。用我們的本能，很可以學外國人的長處。亦卽學他們的科學。學科學要迎頭趕上，因爲我們可以擴大我們對科學知識的認知力；而不是跟在歐美的科學技術之後，只能仿造他們的創造成果。

除了恢復固有的道德智識和能力，還有一樣東西是挽救民族文化危機所不可或缺的。這就是民族精神，或民族意識。依照中山先生，恢復民族精神必須做到「能知」和「合羣」。「能知」就是認清當時民族文化受到列強的種種壓迫已瀕臨毀滅的危機；「合羣」就是團結以共同抵禦外侮。「能知」主要須靠先知覺後知，先覺覺後覺。至於不合羣，似乎是中國人傳統的弱點。中山先生爲了促成國人合羣所用的方法，可做爲結合中外古今學說的參考模式。首先要認識問題，亦卽如何合羣的問題；再解決問題，解決問題的重點是在中國文化中尋繹一個起點或根據。這是中山先生應用中西結合的方法。首先他指出，中國人沒有民族與國家的團體觀念，但中國人有強烈的家族與宗族觀念。我們可以憑藉較狹隘的家族與宗族觀念，一級一級擴大，使之成爲國族的觀念，亦卽發揮家族精神以至於宗族精神，再將宗敎精神擴大爲國族精神。中山先生強調，若不將家族、宗族精神擴充到國族，則國族將不保，家族與宗族勢必不存，祖宗血食也將斷絕。若對此危機有所體認，則必能化各宗族的小我中心主義爲國族至上的大我主義，而成爲一有力量的國家。中山先生還引尙書堯典的話，「克明俊德，以親九族；九族旣睦，平章百姓；百姓昭明，協和萬邦，黎民於變時雍」，做爲發展國族的基礎。由此可見，以中國固有的觀念，尤其是古典儒家思想來配合民族精神的開展與民族國家的建立，是中山先生一貫堅持的正確方向。

中國並不是自始就缺乏民族精神，中山先生明言我們要「恢復」民族精神之意在此。但此民族精神的凝聚重心是文化理想，而非種族區分。「中國」代表一個文化的組合，以中原文化為依歸，因而有華夏與蠻夷的分野。此分野係文化高低的不同，前文已述及。左傳定公十年記載魯定公與齊侯的夾谷之會，孔子曾說：「裔不謀夏，夷不亂華。」足見至少在春秋時，華夷之間的文化區分已存在。但蠻夷之邦若願歸化中原文化，則亦以中國視之。此即「諸侯用夷禮則夷狄之，夷狄進於中國則中國之」的春秋義例。因此，自中國內在的文化理想觀之，民族是文化意義的結合。中山先生所述形成民族的五個因素，除了血統外，其他如生活、語言、宗教、風俗習慣四者都是文化因素。以文化為統合發展民族的基礎，是民族主義最重要的要求。因此，民族主義不是狹隘的種族主義。民族主義是以文化理想結合各民族，以發展共同文化為根基。中國文化有融合各民族的深厚力量與經驗；中山先生提出恢復固有道德智識和能力的中心涵義，就是以中國文化的精華做為推動民族主義的動力。在政治體系上，五族可以共和，共同透過民主體制參與；在文化認同上，則須以中原文化為中心，達到「九族既睦、百姓昭明、協和萬邦」的目的，亦即融合各不同種族於同質文化的和睦境界。

四、當代中國文化處境之檢討

總結中山先生的民族主義的基本原則，首先必須解救當前民族危機。此危機不僅在於領土與主權的分崩離析、也在於國人精神的瓦解，自尊與自信的喪失。如欲恢復，則須恢復古典儒家思想的傳統，如：王道思想、大學之道等。這些思想足以象徵中國民族固有的高度創造力。只要促使國人認清中國文化的卓越面以及中國哲學中永恒的理想價值，則可恢復國人的自尊與自信。其後尚可利用中國文化與中國哲學來補西方文化的不足，以解決西方文化與西方哲學的問題。由於中國當前的問題有賴西方科學進行改革，因此須向西方學習。如此的結合現代與傳統、中國與西方，才會對解決中國本身的問題有所貢獻。準此之觀，所謂發展中國文化，依中山先生的思想推演，就是發展中國文化蘊含的創造精神及理想價值的哲學。前文已指出，這個發展是以推翻曾經阻礙二千年來中國文化持續演進的專制政權爲先決條件。中山先生領導的國民革命於辛亥之役可說已完成此準備工作。

但是，令人困惑的是，在距辛亥革命已七十年之久的今天，我們固有的道德智識和能力究竟恢復了幾分？我們在科學上的成就是否已「迎頭趕上」西方科學？中山先生的這兩大主張顯然足以愧煞當代所有的中國人。就恢復固有的道德智識和能力而言，雖然名目上充滿各式宣傳與教化，但實質上社會依然積極認可保守與封閉，同時消極抵制任何針對弊病而提出的改革方案。而固有的流弊與愚昧，也一概列入恢復之列。就學習歐美的科學而言，我們仍然落後在歐美甚至日本後面數十年，雖然不是完全沒有成果，但成果實在有限，仍然多半是模仿和抄襲西方創造的成果。於是造成對西方機械文明完全投降的心態，把西方機械文明的弊病照單全收；其益未顯，其弊先入。究竟是什麼原因造成上述的現象？

另外一個較高層次的問題：傳統文化與西方科學文明究竟應該如何配合，才能使中國文化蛻變爲富強康樂的新文明體系？卽成爲超越西方又結合西方知識的中國化理想社會？這些問題一直懸而未決，而隨着時代的演進，反顯出其複雜的面貌。

我們或可指出下列幾個關鍵的因素以爲說明。傳統文化由於長期的歷史演變，形成內容複雜又互相牽制的現象。析言之，中國的固有道德重視人性的社會理想。但現實生活中，却由於中國人過分重視人際關係及個人家族的榮耀，因而喪失獨立追求個人理想，及突破家族中心倫理限制的知識的冒險精神。偏重家族關係的五倫規範，促進了家族中的穩定與和諧，但也造成了家族至上的自私觀點。義利之辨與公私分明，是儒家珍視的德行，但現實生活中盡多是假公濟私、公報私仇等假借名目的現象。中國道德理想陳義極高，却缺乏足以充分實現此理想的社會制度與之配合。於是，道德理想落實到現實社會生活卽墮落爲僵化的教條。每臨朝代末期僵化的教條不足以維繫人心之時，就會形成衝破禮教的逆流。因此可見，文化有其整體性，歷史的實踐不僅發揮其優點，也毫不保留地暴露其缺點。此外，現實的政治因素，往往使原本高尙的道德理想被扭曲與誤用，因而無法自我更新以迎合時代的需要。

另一方面，西方文化也有其整體性。如欲學習其機械文明，必須深入考察其理智精神、科學求知精神，以及開拓新天地、冒險犯難的精神。此精神可說爲從希臘、羅馬直到基督教文明所一脈相承。在此精神下，不但科學知識得以開發，工業革命、啓蒙運動、理性哲學、自由經濟、經濟權擴張、帝國主義等等也爲之蓬勃興起。機械文明固然引導生活進步，但也引發諸多前所未有的弊病，諸如：老年人問題、青少年問題、生活空間污染問題……等等。因此，根據文化整體觀，學習西方文明，顯然在多方面不免受其影響，且易產生科學萬能的思考，造成忽視人文思想的現象❻。

五、中國文化自覺與中西文化結合問題

基於以上所述，我們對中西文化結合的問題，可以引伸一二要點。此問題最棘手的部分是：如何在不同的層面予以選擇性的結合。此須無比的推動力始成。換言之，如何把西方文化良好的部分移植，中國文化惡劣的部分割除。不論移植或割除，都需理性的力量，好比醫生先行診斷病因所在，再以手術治療之。政府與學術教育必須全面配合才能完成此項鉅大工作。此工作還有賴三個條件充分地支持：週密的計劃，深切的反省，以及澈底的實施與推動。回溯中國七十餘年的歷史，社會每一部份都發育不全。卽以對文化問題深切地反省而論，實在用力不足。民初，國家

❻ 西方的人文思想並未因科學進步而萎縮，因爲西方人文與社會的研究是社會進步的另一原因。這已與文化內在生命活力結合爲一體。我們學習西方機械文明，往往不能深入其文化內在生命，所以只見西方機械文明的外殼，習其技術與方法，而自己內在的人文生命不立，造成無力揀擇和對抗隨之而來的弊病。

面臨的問題重重，尤以政治問題最爲嚴重：國內軍閥割據、民國基礎不穩、戰禍連年、社會常處在動盪不安的狀況、使多數人無法細密思索文化問題的癥結，連文化問題牽涉到的各個層面也沒有清楚且正確的認識，整個價值系統十分紊亂。民國成立，民主思想仍然得不到普遍的認同。清廷百年來的積弱，又與外界隔閡，終至造成帝國主義的環伺與侵略，日本併吞中國的野心愈演愈熾。凡此種種，無不帶給中國政治上的不安與無時不存的生存威脅。

由此可知，中國文化問題相當複雜，與現實政治總是糾葛不清，也每每影響政治的趨向。而政治的危機更會引發文化面的激盪，造成波瀾壯濶的文化運動。「五四」是最佳例證。「五四」本爲抗議帝國主義及其附庸的自發的學生愛國運動，其後擴大轉化爲文化運動。因爲政治的任何問題，其基本根源可能導自文化上的缺失。「五四」想成就的，就是要把政治問題透過文化的改革做一解決。只是當時使用的手段過於極端。如胡適之、吳稚暉、吳虞等人，欲完全揚棄中國傳統文化來接受西方文明，理論上與實際上都不可能；又如陳獨秀、李大釗，一方面要揚棄中國文化，對中國社會進行批判，另一方面却要引進馬克思主義、蘇維埃制度來改造中國，也是行不通的。

這種基於政治上的反省來要求文化思想上的澈底改革，可說是現代中國政治運動的一大特色。文化問題的認清需要多方面機緣，需要在實際的歷史經驗中尋求。然而這種認識往往失之膚淺，而做出粗糙冒然的結論，導致情緒的選擇，成爲個人權力鬥爭的工具。國人在文化的反省所下工夫顯然不夠深入，不能掌握中國文化與西方文化的歷史因素，因此根本無從分辨中西文化的優劣何在。

再就週密的計劃而言，如何結合中西文化的計劃並沒有刻意進行。既對中國文化沒有正確的認識，改進中國文化的計劃付諸闕如，也實不足爲奇。但政府若果眞重視中國文化問題，則應在基礎上進行長遠的設計。回溯七十年來的文化發展，政府都不曾有任何具體的規劃，只在幾個華而不實的口號間廻旋。不論在學術或教育方面的措施，都沒有基本的政策可循。欲求培植一流的學術文化人才，更需要深思熟慮的胸襟，與高瞻遠矚的眼光。但自民國成立以來，當政者之要務置於軍事與政經問題，對文化的長遠計劃，視爲枝節末端，因而無暇顧及。尤其對學術人才的培養與尊重，也未形成風氣，因此造成種種文化上的惡果。舉例言之：從事人文研究的學者不受重視，因爲學術重心置於科技，人文科學與社會科學只是可有可無的陪襯。自然現代科技中的軟體科技也無法起步發展。傳統文化的浩瀚典籍的整理，也僅爲民間個別的努力，當局未予通盤的規劃，即如中國的歷史，深入的研究與解釋的工作，也只是剛起步而已。至於人文與社會科學的研究成果，如何應用於改良社會，以及教育的各階段內容，如何順應時代潮流，仍然問題重重。

文化計劃旣然不定，遑論文化建設？又若缺乏通盤認識文化的機緣，又如何能認識文化？若文化學術教育未得以充分的認識，又如何能形成正確的文化認識而滙成主流？這些問題都值得我們深入反省。至於文化推展運動，七十年來，政府發起的文化運動也不算少，如北伐後的新生活運動、遷臺後的克難運動、國民生活須知運動、文化復興運動。但考察今日臺灣社會，國民生活仍然與時代脫節，生活上的基本禮節總是過或不及。就行爲規範而言，生活品質與管理品質的提高仍是大的問題。凡此文化運動的成果有限，究其原因，實爲計劃不周全、認識不深入之故。

六、傳統與現代結合的文化的重建模型

總之，當前中國文化面臨傳統與現代結合的關頭，產生了思考的混淆、觀念的誤解、價值的失落等現象。補救改進之道，從建設新文化的立場觀之，必須從文化的自我檢討與認識開始，同時須澈底了解西方文化。今日若還不眞正把握中國文化的根源，不眞切體會西方文化的精神，則必然無法完成尋根與接枝的工作。

參考中山先生民族主義思想發展過程中所包含的問題學與方法論，我們應進行的文化重建工作包括下列三要務：

㈠尋根：中國文化的理想性集中於先秦儒家及其他學理對文化與人性的根本見解。如何掌握此一本源，自可擺脫歷史的限制，直視現實問題的核心，進行透澈的了解。

㈡接枝：充分掌握西方文化的內層，才能排除西方文化的枝節末端，而能開發出西方文化的求知精神，卽尊重理性的態度。把此尊重理性的態度開發出，才具備眞正認識與了解西方文化的條件，如此才能創造地學習科學及發展科學。

㈢統合：尋根與接枝並行，澈底結合而成一新的文化史觀，用創造的理性，建立統一的文化概念。此項文化概念包含對人性社會的認知，對自然的理性認知，把自然界的認識視爲實現人性社會的方法。基於人性社會的需要，對於知識的尊重，應與日益增，使知識與道德結合而互爲基礎。如此才能完成一個結合的模型，才能把尋根與接枝的工作澈底解決❼。

具備這個文化結合的模型，才能把它做擴大的運用與落實。亦卽基於前述對問題的認識與把握的基礎來解決問題，而且是運用此結合的模型。這裏就牽涉到對問題本身認知與分析的能力。具體言之，文化的落實問題可大致分爲四個方面來探討：

㈠文化傳播的問題：文化知識如何正確且普及地爲大衆接受，如何透過教育及其他管道，使民智普遍提昇，使人性向善價值之認同及理性求知的能力增強，這是文化傳播的問題，教育問題僅爲其中的一部分。

㈡社羣與機構的管理形態問題：現代社會可說是一企業社會，管理形態與方式的講求也不限於公司企業，且及於公共行政。若仔細探究我們的管理問題，也可窺出我們面臨的文化混亂、價值混亂的端倪。我們必須重新建立管理哲學與管理形態，才能實際推行新的文化——結合中西、傳統與現代的新生文化。

❼ 參考拙文：「論孔子之知與朱子之理：申論知識與道德的互基性」，見「孔孟月刊」，民國七十二年六月號。

㈢民主法治的問題：中國自農業社會進入工業社會，一切都要求高效率及低失誤的秩序，還要建立社會價值的新規範、新法規。理想的中國的個人，是理智的、道德的、守法的、公私分明的個人，且具開放的心態而有高度的創造性。換言之，民主法治要求下的個人需有獨立的人格及應有獨立人格的保障。

㈣社會與個人道德的建立。傳統道德面臨危機，除了吸收西方科學知識，也要擷取其道德精神，以重建我們的道德規範，充實我們的道德精神活力，使社會有足夠的道德勇氣與自律，以應付複雜的工業社會的發展。

以上四方面是舉例說明文化的理念與落實的方向。今天我們討論的是結合的理念與模型，而唯有把結合的理念與模型落實在上述的領域，才能促進中國文化的再生與發展。

結合的模型應落實的方向確定後，再論計劃的實行。計劃的實行應以理性的反省與分析爲起點，同時要以理性的堅持來達到目標。中山先生的革命就是理性的堅持的代表，因此同時也代表了仁愛的堅持與勇氣的堅持。今日欲行文化的改革，使文化的內部能因應世界文化潮流的危機，同時改造世界，使之趨向完美，就必須具有堅持的力量。在認知上，是理性的堅持；在目的上，是仁愛的堅持；在實行上，是勇氣的堅持。這些堅持需要透過個人及羣體的覺悟與修養來達到。我們的社會正缺乏具有堅持力及承當精神的個人，傳統文化中備此承當精神之人屢見史册。孔子的思想之提出，卽象徵一種不妥協的承擔精神。范仲淹所言「先天下之憂而憂，後天下之樂而樂」更是一語道破士大夫的承當精神。

這種承當精神表示個人對社會、對文化負責，也就是把文化生命納入個體生命，而視之爲永恒的延伸。同時也把個體生命完全投注於文化中予以發揚文化，亦卽張橫渠標擧的「爲天地立心，爲生民立命，爲往聖繼絕學，爲萬世開太平」所象徵的存亡繼絕的一貫精神。這種承當精神在中國傳統文化中以儒者發揮最衆，不論孔孟、或朱熹、王陽明、王夫之、黃宗羲、顧炎武，都是典型。中山先生似爲百年來此精神發揮極致的唯一表率，其後的知識分子，就多缺乏這種承當精神，以及對民族、對文化的責任感。這裏須指明，對文化的責任感並不代表對文化懷權威意識，也非挾文化權威或文化代言人的名號以自重。現代社會有錯誤的心態，把權威與責任混爲一談，以權威爲責任，以責任爲權威。我們需要的是責任感，而不是以私見強加於大衆的權威意識。

七、結　論

自哲學思考開發「生命理性」與「生活境界」

最後，我們如欲接枝採擷西方文化精神的精華，就不能不對西方哲學思想有通透的認識。西方思想自本世紀二十年代開始進入新潮流，在方法論上有突破，對文化本身的問題也從事新反省與檢討。因此，西方哲學思考益趨精緻；同時也有逐漸接近中國哲學的可能。

此外，西方哲學常行自我批評，對西方文化本身的限制與缺陷也有所憬悟，而不斷要求自我超越與突破。換言之，西方文化在內在的層次需要補足。只要中國文化可提昇至更高的境界，自然可滿足此需要。

西方文化的潮流也趨向把自然科學與人文學相結合，以求一整體的文化觀。因此西方文化本身內在的問題與中國文化的問題有異曲同工之妙。相應中西文化的需求與特質，不論在方法上或實質內容上來結合人文學與自然科學；其中的核心問題如：理論與經驗的結合，方法與本體的結合，價值和知識的結合，行爲與理想的結合，人文與自然的結合，都是值得我們深入反省與思索的。不論在價值論、知識論、方法學、本體學，都有值得參考的思想；不論是現象學、詮釋學、或現在的批評理論（critical theory）、科學哲學、語言哲學、邏輯哲學、實用哲學中，都可尋繹出理論根據❽。其中詮釋學的理論，談到傳統與現代科學知識結合的問題，奧國哲學家伽達馬（Gadamer）指出，肯定了語言，就必須對傳統接受，傳統的意思可就語言的承繼與發展來看。但是語言本身也是發展的，所以透過語言的重建與發展，自然可對傳統做一新解釋。這個見解，對於我們今日重建中國哲學與中國文化，亦卽重新透過結合中西、傳統與現代的努力有很重要的啓示。重建中國文化，結合中西，需要對自身的哲學的語言做反省，並需要發展一套新的哲學語言，用新的語言來表達哲學觀念。卽使談中國傳統哲學，也必須透過語言的分析與重述，賦予新生命，此新生命也就是經理性求知反省得來的生命的投注。以上是在方法上應有的做法。

❽ 參考拙文：「從結構主義到詮釋學：泛論歐洲哲學的方向與方法」以及「方法的概念與本體詮釋學」二文。

至於如何結合中國哲學與西方哲學，我已在其他論述中指出。重點在於如何用西方哲學批評中國哲學，使之具備現代性、分析性。再把具備現代性、分析性的中國哲學基於自身內在的富源與境界的開濶，轉而批評西方哲學及哲學派生的文化現象，使中國哲學普遍化及世界化，從而達到結合現代與傳統的目的，也就是達到中國哲學解救西方文化危機的目的❾。

就純哲學的觀點論之，今日亟待建立者，顯然是要透過深度的文化了解及對各層面問題的了解，還要對歷史發展階段的了解，所綜合合成的一個高度機動性的對生命的理性認識，也就是對理性的一種生命觀。所謂的「生命理性」(reason of life) 乃指活用不同的理性層面，建立不同的理性結構，使之統一於充滿生命的理性發展中，而不走入獨斷、故步自封、無責任感的權威主義，更進而建立一個和諧、充滿生命的「生活境界」(Lebenswelt，借用胡塞爾 Husserl 的詞彙)。此一「生活境界」是把現代與傳統、西方與東方所有的高超價值融合爲一體，而眞實地體驗與體現於生活及工作實踐之中。這需要哲學家的反省始其端，不論在方法上或本體研究上都應有此理想，也需要國家法制政策制定者、教育工作者以及社會大衆終其事，求其實現。此「生活境界」當從中國文化的反省中開拓出來，而爲全人類接受，同時具有內在的活力，足以落實於生活與生活語言中，如此才能達到中國文化再生與持續發展的目標。

❾ 參考拙文：「當代人類社會中中國哲學之再生與挑戰」，發表於第十七屆世界哲學會中國哲學未來之圓桌會議中，一九八三年八月二十三日於加拿大蒙特祿城。

第三章 社會問題：兼論民權主義的基礎問題

一、人類社會的形成因素

人類社會的形成與發展有不同的形態。從社會歷史演進的觀點來看，社會一方面是自然演化而成，一方面是人的意志造成。前者的因素是自然的，後者的因素是政治的。準此而論，就可有自然社會與國家社會的區分（natural society; national society）。中山先生曾指出，民族是自然力量形成的，國家則往往是藉權力意志（中山先生是說「霸道」）形成，社會的形成也有此分野。

一般來說，當社會始生、規模粗具之際，自然的力量對社會的形成佔關鍵性的地位；社會發展趨向複雜之際，政治文化的因素益形重要。因此，現代社會都是國家社會的形態。社會究竟如何從自然形態演變成國家形態？此問題可分兩個層次來探究。一方面是歷史發展階段的問題，需要對歷史事實加以實證的研判。另一方面是歷史發展的基本動力的問題，則有待哲學的考察與反省。但若要對這個問題研擬出一個總括的答案，則我們可以說：政治是促使社會發展的根本條件，因爲政治是團結與統一社羣的權力結構。在此結構下，權力得以統一、分配以及傳達。只有在政治權力得以統一、分配與傳達的前提下，社會才會孕育出共同的理念、價值與規範，社會間才會有向心的凝聚力。

初民社會傾向於自然的往來，可能比較缺乏統一的權力與行政組織。但任何社會都需要一致的對外防衛，以及維生的基本經濟活動，這就牽涉到權力的統一與分配的問題。只要公共利益的觀念已在社會中流行，亦卽社會大衆已認可集體的需要存在，則原始的政治形態卽已誕生。因此，卽使原始的初民社會，也具有政治權力結構的雛形。其後隨着文化的進展、物質環境益加改善，人羣的公共利益需求大幅增長，個人的權力欲相對地增強，政治權力的意識也更爲伸張。社會整體的發展卽象徵政治權力的發展。政治權力的發展也會加速社會的發展。以歐洲爲例：歐洲的歷史自希臘與羅馬城邦國家時期，到中世紀大帝國時期，到現代民族國家分立時期，到二十世紀國際間的聯盟組織時期，無一不代表人類社會的發展與進化的過程。可看出西方政治權力形態因時演化，以及政治權力形態促動社會發展，社會發展直接或間接引動政治權力發展的相互關係。社會與權力形態彼此交互影響，塑造了西方的歷史。至於如何訂立一標準來區分不同的社會形態，以及不同的政治權力形態，則分別爲社會學與政治學所應考慮的對象。

就社會形態而言，西方最早的社會是部落社會，逐漸蛻變成希臘羅馬貴族與君主統治的社會，再進而發展爲中世紀僧侶與教會的社會，進而爲現代國家的工藝社會，再演至當代商業文明的科技社會。就政治形態而言，西方社會可分爲：早期的酋長的部落政治，至希臘羅馬的貴族的寡頭政治（偶有民主政治形態點綴其間），中世紀的教權統治，以至現代的帝國政治、專制的國家政治、以及民主政治。

以上的分法大致上遵循一般學者的看法。但馬克思着眼於找尋歷史發展的動力，把社會與政治權力的發展原因納入經濟的範圍，而僅就生產工具（生產力）與生產關係的變遷來考察社會及政治權力的轉變。依他的見解，西洋社會形態的發展可分爲：早期的有無相易的社會、奴隸生產社會、封建采邑社會、資本主義社會，然後必然進入共產社會。姑且不論如是的區分是否符合史實，這種自一元的觀點推演出來的理論，通常都不免犯獨斷與簡化的謬誤。前文已強調，政治與社會（當然包括經濟因素）的交互影響導致政治權力形態與社會形態的變革，即帶動歷史的發展。促成變革與發展的因素顯然是多元的，僅舉其一以概其餘必定會形成偏差的觀點，而導致錯誤的結論。

簡化的謬誤不只是出現在多元因素被省略成一元因素的情形；還有異質被視爲同質，也可算是簡化的謬誤之一格。此卽：卽使馬克思或任一西方社會學者對西方社會進化的動力與階段所做的判斷確實無訛，以這些判斷爲基礎而建立的說明模型，也毫無理由可以無所保留地引用在另外一個社會的歷史，據以說明該社會歷史的演變。馬克思犯了這項謬誤。卽以他對西方封建社會與中國封建社會所做的比附而論；西方的封建社會是經濟爲主的形態，政治權力的結構是帝國的組織，如中世紀的查理曼帝國及東羅馬帝國。中國的封建社會其實是中央集權的專制政體；秦統一中國後，采邑封建逐漸名存實亡，漢初與晉初有短暫的封建，一旦與中央皇權衝突卽消除之。因此西方的經濟形態的封建，從未盛行於中國，中國的封建只是君權至上的封建意識，加上後世所謂的專制政體所揉合成的政治現象。這個錯誤的比附也可歸因於詞義的混淆。卽對一用語，如「封建」，不能分辨其中的涵義。對用語所屬的系胳(context)及意義論宇(universe of discourse)不能確切掌握，因而望文生義者有之，張冠李戴者有之，誤解也就層出不窮。五四時代所謂的中國社會史觀論戰卽充滿此類錯誤。

二、中國歷史社會形態與政治意識形態

至於究竟當如何了解中國歷史社會形態的變遷，以及其與政治權力的關係，乃至與經濟形態的關係，還是要從中國歷史本身入手研究。外來的觀念與說明模型當然可供參考，然而却不能機械地引用。有此認識在先，再就社會學、人類學以及經濟發展史來看，中國社會的演進也是從社會與政治權力交互影響中產生。樂府詩集所載擊壤歌：「日出而作，日入而息；鑿井而飲，耕田而食，帝力於我何有哉？」這未必是理想社會的寄託，也可能是歷史上初民社會的一個寫實的記

載。尤其就中國文化的起源觀之，中國人很早就體會到天人合一境界的可貴，自然與人不處於對立的立場，生活之道就是順應自然。因此，步入農業社會後，只要依時種植，依時收穫，就能滿足基本的生存需要。

不過卽使是這種重天時、地利、人和的農業社會，也有變革與發展的壓力，或因自然環境的變化，如氣候的突變、黃河的改道、人口的增減等，或因外族的侵入，造成人口的遷徙、版圖的擴張和減縮等，這些因素當然會影響到社會的組織與運作形態，因而促成政治權力的重新分配，同時公共利益觀念的廣度與深度的發展也更爲強烈。於是古代的中國從堯舜禪讓的社會轉變爲君主專權的社會，從聖賢政治轉變爲君主政治。其中大禹治水在中國政治形態的演進史上佔關鍵性的地位。因爲自然環境的大變動引發權力集中的需要，以應付巨大的危機。此後，中國社會的發展就與政治完全結合。所謂「夏尚忠，殷尚鬼（祭祀），周尚文」，實爲社會進化的必然現象，也可見其間政治權力形態的轉移。至於春秋戰國時代的大變動，基本上也是政治權力轉形期的權力重新分配：因爲舊的封建制及井田制等不足以維持，新的制度在強大的壓力下應運而生。於是秦朝以一空前的權力形態出現，也造成了嶄新的社會形態。此卽「書同文，車同軌」所指的新社會。新的社會形態必定會伴隨新的政治形態之興起而來臨。其後從秦到清兩千年的專制帝國政治形態基本上維持不變，只是隨着時代的演進，君主專權的程度愈演愈烈，造成社會繼續發展的一大障礙，於是不論在政治或社會上都產生遲滯不前、封閉固塞的現象，從而遭受突飛猛進的西方文明的種種壓迫，而陷入空前的危機。

總結以上所論，社會的進化和政治的變革有密切的關係。欲建立一個良好的社會必須建立一個健全的政治體制，而實現一個健全的政治體制，也必須有不斷革除自身弊害的社會作爲依循，亦卽要有不斷地自覺到進步之必要的社會作爲依循。一個腐化放縱的社會不可能有健全的政治；一個腐化弄權的政治也不會產生良好的社會。

中山先生對以上所述國家與社會的關係顯然瞭然於胸。民國六年（一九一七年），他在上海完成「社會建設」，後又名「民權初步」，編入「建國方略」之三。此書闡述民主政治的會議細則；這是對民主制度的基本實施程序的認識，中山先生視之爲一種建設，同時將之納入國家建設的一環。由此可見他已明白社會與政治的重要關係。

今日的社會旣是以政治意識爲基礎的社會，如果要了解民權在中國社會構成什麼問題、民權思想如何在中國社會中孳生成長，就必須深入探究中國社會的性質及其所包含的政治意識，以及如何改進中國的政治意識等問題。我們將先討論民權主義形成的背景。卽民權思想的分析，而把民權、民主、民本等問題當做政治意識來探討。其次再談中山先生民權主義的內容，以及民權主義如何解決中國的問題。這裏還是按照前述的問題學與方法論的程序。先問爲什麼要用民權主義來解決中國問題，然後從民權、民主、民本的問題來談中國社會，再談民權主義做爲解決問題的原則爲何，且更一步探究中國哲學中有那些思想可配合民權主義，有那些與之扞格或根本闕如。

最後我們還須對中國民主社會的發展途徑與遠景進行總檢討。

三、主權在君（君權）與主權在民（民權）

傳統中國社會有根深柢固的政治意識形態，自秦至清兩千餘年的基本政治意識形態是專制的、君權的。所謂君權的政治意識形態是指以君爲主，以民爲賓。君權是社會發展在現實世界的最後根據，社會行政體系的基礎。孟子引孔子說：「天無二日，民無二王。」（萬章上）爲此君權獨尊的政治意識形態提供了最佳註脚。

西方顯然沒有如此悠久又一貫的政治意識形態。柏拉圖「共和國」所描述的賢能君主政制及亞里士多德「政治學」中標榜的貴族寡頭政制，都只是不曾實現的理想政治意識形態。類似中國君權至上的政治意識，一直到近世民族國家興起後才開始普及。民族國家的興起象徵新興的權力意識，卽主權歸屬的意識。此時權力的來源與權力的合法性實爲一體，而主權卽融合來源與合法性於一身的政治意識。民族國家的君主開始自覺到對疆域內的社會與政治享有至高無上的主權，敎皇的權力不應越界施行於君主權的領域內，所謂「屬於上帝的歸之於上帝，屬於凱撒的歸之於凱撒」。這個主權在君的理論是十六世紀的法國政治哲學家波定（Jean Bodin）提出。現代的西方國家都是以主權的行使做爲國家成立的象徵，國際的交往亦以主權的相互承認爲基礎。總之，主權是建立國家的不可或缺的條件。

反觀中國，雖然有「溥天之下，莫非王土；率土之濱，莫非王臣」（詩小雅北山）的想法深烙人心，似乎早已擁有強烈的主權意識。但是，由於中國皇帝的至尊權力，在理論上從來不曾受到其他權力的威脅，甚至從未被懷疑過，不像西方有君權與神權，或君權與教皇權的爭戰，因此主權誰屬的問題從來未曾發生，主權在君根本是天經地義。依傳統的中國政治意識，天下「大一統」是常態，「大一統」只承認唯一的正（政）統或法統，此正統之所繫完全在於皇帝一身。歷代民間起義或貴族篡位所爭取的不是主權的移轉，而是正統的歸屬與承認，因爲主權在君已無疑義，所可疑者唯新皇帝的正統地位而已。正統地位的來源有二：天命與人與，但後者的分量實微不足道，而且只要有前者的保證，後者自然可取得，皇帝需天命才具正統的涵義，不在於君權神授或神權高於君權，而在於皇帝實與天無異，具有至高無上的統制權力。

孟子思想中常常顯現對君權的蔑視，如「君之視臣如土芥，則臣視君如寇讎。」（離婁下）「民爲貴，社稷次之，君爲輕。」（盡心下）「君有大過則諫，反覆之而不聽，則易位。」（萬章下）但他並沒有設想出本質上異於此君權的權力歸屬者。所謂「聞誅一夫紂矣，未聞弑君也」（梁惠王下），可做爲人民有推翻暴君之權力的註脚，但還是要維持主權在君的政治體制，人民沒有權力來組織行政體系共同執行政府的權力。換言之，孟子並沒有「主權在民」的觀念。如前所述，「主權在君」在中國已被視爲天經地義，在西方民族國家興起却還是爭論的焦點，因爲其從未取得不容爭辯的地位，且常常受到神權的威脅，其後「主權在民」意識一旦醒覺，遂輕易取代之。由此觀之，我們甚至可以設想，孟子在君權專制的政制格局中限制君王的權力、要求專制君主爲民謀福利，却把君權專制視爲當然，並未反省是此制之根本大弊。這種溫和的「君輕民貴」却「君爲主，民爲從」的「明君——良臣——順民」理想，反而是造成「主權在民」思想長達兩千年的難產原因之一。

「主權在民」應可說是西方政治經驗及民族國家施政所發展出的觀念。中山先生考察現代西方民主政治，特別勾勒出「主權在民」的思想而予以強調，實具有歷史性的意義。因爲這需要突破兩千年來的天經地義的政治意識。中山先生對傳統中國的政治意識有精闢的見解，他說：「我中國數千年來聖賢明哲，授受相傳；皆以爲天地生人，應當如是（案：指專制），遂成君臣主義，立爲三綱之一，以束縛人心，此中國政治之所不能進化也。雖其中有「大道之行也，天下爲公」，又有「天視自我民視，天聽自我民聽」，「民爲貴，君爲輕」，「國以民爲本」等言論，然此不過一隙之明，終莫挽狂瀾之勢。」❶中山先生顯然很惋惜民本思想的「一隙之明」，未能恢宏爲對君權專制的根本質疑，從而建立主權在民的思想。當時世界潮流及中國的內外危機都迫使中國正視民權問題，同時體認到唯有把「主權在民」的思想貫澈於政治體制中，才能澈底解決當時的危機與中國二千年來的治亂問題。欲貫澈「主權在民」的思想於實際政制中，則必須推行全民政治，亦卽人民自治，使全民有自治的能力而不受制於家族或一個皇帝。一八九七年，中山

❶ 參見：中山先生手著本「三民主義」。

先生與宮崎寅藏的談話中，提到：「人民自治爲政治之機則，故於政治之精神，執共和主義。」❷，即是此意。

總之，中山先生的「主權在民」思想是民權主義的一個大原則，也是現代政治思想潮流中不證自明的鐵律。「主權在民」的思想從根本上轉化中國的政治意識，把中國從君權的社會引進民權的社會，同時也把中國的社會帶入一個現代的、國際的社會。此外，「主權在民」的思想也強調現代國家所代表的絕對的政治權威，此絕對權威的來源就是全體中國人民。這也說明了中國社會在接受如是的思想後，應該達成一個意識上的轉化，即自覺中國的人民是國家最高權力的來源，也是組織、參與政治權力的基礎。

四、主權在民的兩層面——政權與治權的配合

從「主權在民」的說法，可分析出政治權力所包含的兩個層面，也就是主權實現於實際政治的兩個方式，一個是主權的構成面，亦卽透過主權的形式來組成一個政府，而建立一個統治的意識，這是所謂的「政權」。有了政權，主權透過政權的機構與制度建立一個行政體系，藉此體系實施各種政策，直接推行國家內外的各項活動，是爲「治權」的運用。中文「政治」一詞代表「政權」與「治權」結合的現象。英文的 political behavior, political power, politics 等都和中

❷ 參見：宮崎寅藏：「三十三年落花夢」。

文「政治」一詞之涵義不盡一致。politics 源於希臘文 polis，是指城邦國家。城邦國家的基本政治模型是直接民權機能的結構，所以，政治權力（political power）就此模型而言，也包括了公民的參政權以及行政機構的實際行政權兩面。由此可知，政治固爲一複雜的現象，但可清楚地劃分爲截然不同的兩方面去探究。

中山先生把政治解爲：政是衆人之事，治是管理，政治也就是管理衆人之事❸。此見解十分正確且符合中國的政治觀念。他也更進一步區分政權與治權。基於這種分辨，中山先生指出，我們可以解決歐美社會面臨萬能政府的困境。在民權主義第五講，中山先生說當時有很多有關民權的學理，其中之一是人民怕有一個萬能政府，因爲政府一旦成爲萬能，人民就無法節制；但人民又希望有一個萬能政府，因爲有一個爲民所用的萬能政府，就眞能爲人民謀福利。這形成一大困境，人民對萬能政府既期望又畏懼。政府行使治權，治權運用得正當，就可爲民謀福利；治權若運用有偏差，則會爲人民帶來痛苦。專制政治下也會有爲民謀福利的賢能君主，但愚昧昏瞶的君主更多，然而由於人民沒有支使身操治權之君主的政權，因此社會不時出現災難。如今主權在民，問題就在於人民如何應用政權以控制行使治權的政府。

中山先生解決這個難題的方法是權能必須區分。卽政府有能，人民有權。所謂政府有能，是指政府具備行政管理的能力，足以促進社會發展，實現社會公益；所謂人民有權，是指人民具備

❸ 參見：「民權主義第一講」。

支使政府的權力，使政府施政在一定的軌道中，以合乎人民的需要。

權能區分後，還要明確規定政權應包括那些權力，治權應包括那些權力，才能使政權確實控制治權。依中山先生，政權是管理政府的力量，表現於選舉、罷免、創制、複決四個方式。選舉與罷免是管理官吏的權力，創制與複決是管理法律的權力。人民可據以選舉及制訂好的官吏及法律，以及罷免及修訂不好的官吏及法律。至於治權則是政府自身的力量。中山先生主張五權分立的政府，除了引用西方行政、立法、司法的政治規模，同時又把中國傳統的考試與監察也各自獨立規劃在政府的治權範圍之內。

五權分立的主張一方面對中國政治進行大刀濶斧的改革，另一方面又深入考察西方民主政治中三權分立的利弊，尤其針對其弊端提出化解之道。行政機關如兼有考試任官之權，則易在行政轉移方面，缺乏客觀性及銓敍的穩定性。立法機關如兼有監察權，則立法委員可貪贓枉法，而互相包庇。五權分立的提出就是對治三權分立可能產生的徇私流弊，加以防範。中山先生心目中的理想民主政治是大道之行，天下爲公的政治，因此應儘可能做好防弊的措施。而考試權與監察權的行使是中國固有的政治傳統，由此可見中國傳統的政治經驗並非一無可取。相反的，它其實有相當符合現代民主政治精神的言論與制度。制度即如上述之考試任官權及監察彈劾權。言論則如：周書武成篇：「建官惟賢，位事惟能。」禮記禮運：「天下爲公，選賢與能。」這是透過政權來達到好的治權的目標。孟子公孫丑下：「貴德而尊士，賢者在位，能者在職。」這是標榜賢能政治。但以上的言論好比君主的教科書，只有運用君權得當才能形成賢能政治。但現代民主政治則必須在「主權在民」的大前提下推行賢能政治。儒家的政治理想是以聖君推動選賢與能的理想，因此要求君臣修己以維持政治的清平。這也可以說是儒家對權力所有者所做的牽制與約束。因爲傳統社會的一切政治權力都起源於君主，所以儒家對君主的要求也就特別嚴格。

但是，這種對掌權者在智德上的要求，隨着主權地位的轉變及政權與治權的明確劃分，也移轉箭頭，指向人民大衆。君權專制消失，還政於民，人民在頃刻間握有空前未有的政權，但人民是否有充分的能力去行使他們尚未完全自覺的權力？顯然中國人民深中二千年專制之毒，在革命之前，還有保皇黨主張君主立憲，限制民權的伸張。民國成立，又有袁世凱稱帝、張勳復辟，主張中國不適合實行民主制度。二次革命後軍閥割據，控制地方政治。政權與治權平衡的國家一直未建立。中國政治現代化自始就遭遇一大障礙，此卽人民缺乏足夠的政治意識來行使其政權，如此則「主權在民」的理想必不得實現。因此中山先生在民國九年提出訓政時期的說法，主張在此期間旣以革命武力掃除專制，更要以革命手段達成訓政❹。

中山先生顯然察覺中國人民生活在專制下已養成奴隸性，卽使勉強他們有權，「四萬萬人都是皇帝」，也不能正確地行使政權；政權若不得伸張，治權的運用必然會產生弊端，而無法達到賢能政治的目標。時至今日，民主政治的實行已發生很大的轉化。社會大衆已普遍具有高度的政

❹ 參見：國父全集，第二册「演講：訓政之解釋」，第三九八～三九九頁。

治意識，而唯有社會大衆有高度的政治意識，民主政治的充分實施才有可能。所以，社會個人對政治事務及自身的權利與義務有完全的自覺，是民主政治充分發揮功能的先決條件。當然，民主理念的提出，也影響社會意識覺醒的程度與內容，這有待歷史演化過程來完成。透過歷史的反省，我們可以發現今日的民主政治仍充滿許多問題，有賴更深入、更強化的民主意識來促動政治的參與，並充分認知權能區分而相輔相成的政權與治權作用結構。如此才能完成眞正的民主政治的理想。

五、人權的體現問題

所謂人權，泛指現代民主國家憲法中規定的人民的基本權利，一般包括如：人身自由、居住自由、參政權、受教育機會均等權等。人權的理念，是西洋歷史進化及實際政治經驗中孕育產生的，經西洋政治學說的錘鍊與倡導而具體化。其中盧梭（J. J. Rousseau）的天賦人權說值得我們仔細探究。

天賦人權說，肯定人有基本的權利，同時主張政府權威源於個人自由意志的表現，此表現旨在限制、約束個人自我的自由意志，以建立共同一致的意志。天賦人權說視爲顚撲不破、不證自明的信條是：每一個人都有無上的自由意志，構成了人的本質。人雖有自由意志，但僅憑自由意志無目的地發揮，也未必達到生存與發展的目標，所以個人可因生存及發展的需要，從而限制自我的自由意志，經過一羣人的同意滙爲公共意志（general will）。此公共意志卽國家權威的來源。也就是藉着訂定契約形成國家，既限制個人自我的自由意志而訂定契約，同意接受君權的統治，自由意志也可經由同意而實行民主制度。

盧梭的天賦人權說構成西方個人主義式的民主政制的理論基礎。美國獨立革命時發表的獨立宣言深受其影響，其中規定人有生存、自由及追尋幸福的基本權利，當政府施政不能達到這個目標時，人民可起而反抗政府等說法。十八世紀的美國思想家梭羅（H. D. Thoreau），也倡導個人有不服從法律的權利（right of civil disobedience），只要此法律違逆自由意志之初衷，亦卽人生存、自由及追求幸福的基本權利。

天賦人權說的眞諦，在於肯定人的價值、人的尊嚴。這也就是康德所謂人可以成爲個人的立法者，個人可以規定自己的道德，個人有絕對的道德價值。基於此了解，我們還可以進一步推論：盧梭的基本人權之鋪陳，是哲學理念對人類存在地位與價值的反省。但若要落實人類社會，成爲具體可循的制度，就有賴持續不懈的奮鬥與努力。每個人皆有其不可抹煞的尊嚴與價值，如何在社會中得到具體的保障，需要完整的規劃與實行的決心。盧梭喚醒人類自我的價值與尊嚴。美國獨立革命與法國大革命受其感召而興，都是爲了建立並維護基本人權。基本人權並非自始卽存在西方社會中，這可由西方的基本人權都是透過人權宣言才得確立與廣佈，顯然都是經過一番

❺ 參考拙文：「中國歷史與中國哲學中的人權觀念」，第一部分。

奮鬥與犧牲才有此成果❺。歷史明顯印證：沒有羣衆持久的奮鬥，基本人權不可能實現，個人原始的尊嚴與價值也得不到保障。

六、人權中的平等問題分析

從以上對人權的討論中，我們可體認到人權的理想與實際表現之間的差距，必須藉人爲的努力來補足。這項差別的體認有助於了解中山先生所說的人爲的不平等、天生的不平等以及眞平等的涵義。

中山先生在民權主義第三講中指出，天生人是不平等的，專制之後更是變本加厲，弄得比天生不平等更不平等，造成階級差別。古有公、侯、伯、子、男、民的分別，這是人爲制度的不平等，此種不平等異於天生的不平等；人的才質是天生而非人爲，所以人在才質可有不同，但此爲天生，必須和人爲不平等分開。實現民權就是打破人爲不平等，以促進眞平等。眞平等與天生的不平等並不矛盾；天生的不平等可表現在上智、中材、下愚的分別上，也可表現在聖賢才智及愚庸或貧富的分別上。眞平等就是在政治上的地位平等，也包括法律上的地位平等。中山先生認爲，這是起點的平等，然後各人根據天賦的才能去發揮造就，如此才是眞平等。因此，眞平等可解釋爲基本人權的平等，亦即民主國家憲法所保障的人有生存、受教育機會、獲得工作機會的平等，身爲國民參與政治的平等。但憲法或法律不能以平等爲名，從而限制個人的成就或發展。如此得到的平等，就是假平等。

基於以上的分析，平等與不平等可以分四個層次來探討：第一、個人的價值與尊嚴的平等，第二、天生才能的不平等，第三、基本人權的平等，第四、個人的社會成就與獲得的不平等。平等的概念必須就不同的層次來把握，不能以一個層次的意義來曲解另一層次的意義。中山先生指出：眞平等是立足點的平等，假平等則是齊頭式的平等。我們也可看出，成就之不平等與眞平等並不衝突，而假平等未必蘊含基本價值的平等。

由平等的問題可牽出自由的限度問題。近百年來的人類社會中，政治的自由與經濟的平等，常有不協調的現象。爲了獲得經濟的平等而捨政治的自由，是社會主義的見解；爲了發揮政治自由而走入資本主義的經濟結構，則造成經濟的不平等。民主國家爲了調和此一不和諧的現象，也有人權社會化的措施，卽把人權限制在基本人權方面，而在工作機會上進行社會化的努力。如此則經濟的不平等也可以經由民主社會化的措施，減至最低限度，而不致造成貧富懸殊、分配不均的問題。這是民生主義的一個重點。這個重點是使天生的不平等，透過理性的謀畫設計予以彌補，使天生的不平等也減至最低程度。這就是國家社會公平的促進人盡其才的理想。

七、人權中的自由問題分析

自由也有多層次的意涵，需要在不同的社會環境和歷史條件下了解。西方歷史可以說是追求自由的歷史。無論就社會制度或政治制度的演變來看，西歐是從封建步入民族國家的社會組織，同時也是個人從傳統職業解放出來的社會。尤其科學知識昌明之後，人類所有的自由的意識增強，個人的意識也增高，參與及貢獻社會的意識增長。因此，個人一方面從傳統制度中解放出來，另一方面也形成新的社會的觀念，此卽個人可對國家社會做權益的要求。不論是美國或法國的大革命，都標舉出爭自由爲重要鵠的。

自由的觀念在西方也歷經長期的演變。首先是理性哲學肯定人的自由意志。自由意志的觀念在盧梭的天賦人權說中尤其顯着。十九世紀時，社會中的個人自由又被賦予了一個新解釋，卽彌勒 (J. S. Mill) 所標榜的自由，以不妨礙他人的自由爲自由。這是自由在學理上的一大進展。康德有更深入的剖析：自由與責任互爲表裏，只有當自由意志對本身負起立法的責任時，人才有自由，自由是以責任爲內涵的概念。黑格爾的見解表現其正言若反的風格：服從必然的法律才是自由的實現，自由就是遵守命令，不論是理性的命令或國家的命令。至此自由又獲得前所未有的新意涵。以上是大略提示西方自由意志的觀念，可見已受到相當廣博與深刻的探討。

就政治體制而言，自由和人權思想關係密切。所謂基本人權，就是不受政府權力干涉，却受法律保障的若干自由，如行動、言論、思想、結社自由等。但這些仍然是抽象的概念，若想把這些概念在不同的社會環境中化成具體的價值，必須對各社會的歷史背景加以了解與反省後才能決定。美國獨立宣言明訂人類有生存、自由及追求幸福的權力。憲法中對基本的自由有更詳細的說明與保障。後來由於社會的發展，又有二十一條的修正條款，對自由的實現方式、人權的保障方式有更爲詳盡的說明。由此可見自由的實現與人權的保障需要歷史及社會的試煉，同時也需要經過一番奮鬥和考驗的過程。美國大法官的判決及憲法的修正，都是奮鬥與考驗的結果。人雖然在理論上因肯定人存在的價值而具有原則的自由，但仍需要在歷史中考驗與反省才能獲得具體的自由。

現在我們可以根據中山先生區分人爲不平等和天生不平等的方式，對自由進行分類：天生的不自由、人爲的不自由、以及天生的自由、人爲的自由。天生的自由是指人有自由意志，因人的價值和尊嚴而予以肯定。人爲的自由是指天生的自由在歷史中以理性予以實現，亦即保障自由使之有實現的機會。所謂天生的不自由，可解釋爲天生人在才能方面的限制，使個人不能充分發揮自由意志的能力，這與天生的不平等有相同的內涵。所謂人爲的不自由，是指人爲的枷鎖給予社會及個人的不自由，亦即專制政治的暴虐無道引起社會中人爲的不自由。

因此，眞正的自由就是基於政治與法律的保障，使個人的自由意志得以合法、合理的發揮，在社會、政治、法律的範圍內表現爲基本的人權。

以此定義爲準，我們不妨進而討論中山先生所說中國人對自由的感受。中山先生在民權主義第二講指出，中國人是一盤散沙，沒有團體觀念，也不明白自由是何物。雖然如一盤散沙，似乎十分自由，但何以會不明白自由是何物？中山先生的解釋是：中國人不能體會西方人追求自由的經驗，不懂得自由是靠奮鬥追求得來的；中國人沒有迫切感受到對自由的需要與渴望。中山先生對中國人的社會意識有深刻的了解，他認爲中國人在傳統社會中實在相當自由，樂府詩集所引擊壤歌：「日出而作，日入而息；鑿井而飲，耕田而食；帝力於我何有哉？」由此可見，中國人雖無自由之名，卻有自由之實。揆諸史實，歷代專制皇帝的施政，多半是只有在人民行動不利其帝位時，才會施鎮壓制裁的政策，其次對人民的要求就是納稅。所以中國人民只要納稅和不造反，就享有很大的自由。但中國人「日用而不知」，因此不能十分了解西方人所極力爭取的自由。

西方人爭取的自由，一方面是反抗專制政府的威權，一方面是反抗專制君王結合基督教神權的思想迫害。因此西方人追求的自由不外乎言論自由、思想自由、集會自由，都是源於切膚之痛起而力爭。但對傳統的中國人而言，這些都是不切實際的自由空想。一直到近代遭受列強侵略，陷入民族危機，此一想法才有所轉變。

中國人因爲面臨民族覆亡的危機，在列強的種種壓迫下，不得不爲爭取民族的自由而奮鬥。中山先生指出，中國人固然享有一盤散沙的自由，卻對國家整體的存在缺乏強烈的自覺。但爲了拯救民族危機，中國人必須明白集體自由、民族自由的重要性。民族自由的觀念是孕育於民族主義的思潮，針對歷史危機應運而生。這個歷史危機就爭自由的觀點而論，一方面是因爲民族面臨生死存亡的關頭，所以爲了爭取民族自由，只有革命一途，從而爲中國人民爭主權；一方面也是因爲清廷對人民的自由沒有任何保障。事實上，任何專制政權都不可能保障人民的基本人權。所以有必要由革命去爭取自由。中山先生指出，滿洲人的行政措施是爲其私利，而不是爲人民利益，因而妨礙人民智力及物力的發展。滿洲人侵犯人民的生存權、自由權及財產權。他們壓制言論自由、結社自由；不探詢民意卽征收雜稅；不依法律卽剝奪人民各種權利；更不保障人民的生命與財產等等。從以上中山先生所例舉滿洲人的罪狀觀之，中國人爭自由的原因基本上與西方人爭自由大同小異。此卽表示可用西方人爭自由人權的始末，來說明中國人爭自由人權的必要。由此可見中山先生對自由的認識不囿於一端。他以西方人爭自由人權的理由十分正當，於是採取西方人的理論爲中國人爭自由人權的革命鋪路。

中山先生對中國人不懂得珍惜自由，而只有散漫的自由深不以爲然。他認爲太多散漫的自由只會造成國家的瓦解。所以談自由需先分辨我們需要什麼樣的自由。中山先生強調民族自由、國家自由。若「只爲個人爭自由平等，不爲團體爭自由平等；只有個人的行動，沒有團體的行動」，則犯了嚴重的錯誤❻。又中國人爲個人利益來講自由，造成國家四分五裂，軍閥橫行的局面。因此中山先生要求國民黨員犧牲個人自由，因爲「一黨之中人人爭自由、爭平等，則舉世無能存之者」❼，只有「黨員能夠犧牲自由，然後全黨方能自由」❽。中山先生在此對團體中黨員的責任

❻ 參見：總理遺教：「演講」，第三二三頁。
❼ 參見：總理全集：第三集，第二三九頁。
❽ 參見：總理全集：第二集，第三七三頁。

有很深入的體認。因爲在促成社會進化、建立一個眞正自由民主的社會的過程中，必須先犧牲個人自由來達到目標。中山先生還強調自由是專爲人民設想的，至於軍人官吏都是人民的公僕，必須犧牲自身的自由平等。另一方面，軍人、官吏、黨員，因負重任而享有革命的權力，團體賦予他們改進社會的權力，而唯有犧牲個人自由才能達到目標，所以並不違反眞正自由的觀念。

總結以上所論，我們可以把自由分爲四類，一是意志的自由，卽道德的自由，是就人存在的本性和價值而言。二是集體的自由，卽國家民族或團體的自由，此自由以紀律爲中心，以建立自由民主的社會。這種自由必須要求團體中的個人、革命黨的黨員、及政府中的官吏與軍人遵守紀律才能維護。三是基本人權的自由，也就是自由民主國家的人民所受到保障的基本權利。四是散漫的自由，卽未經過奮鬥力爭所展現的自然放任之狀態，這是中國傳統的自由。基於對以上四種自由的認識，我們才能因時因地因事來談自由，同時也能依其正確的涵義來深入了解民權。

一個有憲法保障人權的國家，基本上已有第二與第三種自由。因爲憲法中明列那些基本人權應受保護，不受政府的干涉與侵犯，這就是基本人權的自由。而憲法及根據憲法所訂頒的法令就是一個團體的紀律，個人服從團體的紀律以維繫團體的生存，亦卽遵行法治以成全集體的自由。由此觀之，法治旣是成全個人自由的要件，也是成全集體自由的要件。因此，法治與自由不但不相忤逆，反而相互依存。在法治中維護自由，在自由中完成法治，這是民主制度的根本精神。

至於中國傳統的散漫自由，其實並不足以躋身眞正自由之列，而只能代表個人對社會公益與公德的輕視。中國人最強烈的團體意識僅限於家族，最大也不過擴及宗族。因此中山先生強調，中國人必須從家族裏走出來，把家族擴大爲宗族，把宗族擴大爲國族；使個人不只是家族中、宗族中的個人，而是國家民族中的個人；使個人對國家民族有歸屬感與責任感，如是才能建立眞正的個人自由。傳統的一盤散沙式的自由，只是在家族中心意識籠罩下，表現在社會意識與社會行爲上的放縱。造成這個現象的原因很多，其中後期儒家（漢儒）的三綱五常的規範對中國人的社會意識之塑造，有決定性的影響，值得深入探究。

後期儒家的三綱五常無異於規定個人所有的社會關係，同時提供維繫此關係的規範，於是個人如不透過三綱五常來確立人己關係，就無法認知社會中他人的價值，更無法肯定自己的地位。這顯然是對原始儒家精神之逆轉。大學之道就對個人的社會關係來說，並沒有狹隘的規範，而對個人的修身來說，則特別重視。所謂「自天子以至於庶人，壹是皆以修身爲本」。而在修身更提出格致誠正的說法，這是直接對個人心性的要求，亦卽面對一個可以認知的世界，進行調適與創發的工夫。這不像漢儒三綱五常思想所要求的僵化的規範，而是在實質精神與義理上講求價值。不論原始儒或宋明儒都有此體認。然而現實的中國社會却不幸走入家族倫理中心的體系。家族與宗族的價值置於一切價值之上，甚至罔顧儒家強調的義利之辨。如是形成的中國人的社會意識與社會行爲，就有很大的弊病：第一是私而忘公，以家族至上爲名，行假公濟私之實。第二是繁文縟節，只重視外在人際關係的場面鋪陳，而忽視實際倫理精神的要求。社會規範無人敢公然違抗，但這正好反襯出社會所要求於個人的，也僅止於表面上這層虛僞的禮儀而已。中國的散漫的自由及政治上的不自由，皆肇因於是。

所以，今天如欲發揚眞正自由，必須針對此等弊端予以突破。我們可就重振儒家格物致知的精神開始，亦卽對眞理與眞相的全然把握，以求對自我及世界有透澈的認識開始。如此我們當可發現三綱五常之做爲社會行爲規範的不足。最近有人提倡，因應社會羣體需要建立第六倫；又有人提倡，因應物質生活環境需要建立第七倫，顯然時代的確有此需要。但是，如果不明白何以五常或五倫支配下的家族中心倫理會導致自由的誤解與濫用，以及如何就儒家思想內在精神破除倫理規範僵化的局面，把自由從家族中心的倫理價值觀中解放出來，從而造就國家自由、成全個人遵守法治的自由，那麼，所謂第六倫或第七倫，都只是炫人耳目的新規範名詞而已，發生不了任何實際作用。因此，我們可以結論說：家族中心倫理所容許的散漫自由，既無法開展集體自由，又無法建構基本人權的自由。

八、道德自由與民主自由之關連問題

我們接着要問：儒家所肯定的道德自由，是否可開展出民主自由？——卽基本人權的自由與法治範圍內的自由？這是相當深刻的哲學課題。五四以後，無數學者自各種角度提供了五花八門的答案。若單就哲學的觀點而論，牟宗三先生提出了一個形而上的解釋：中國歷史只有綜合的盡氣精神與綜和的盡理精神，缺少分析的盡理精神❾。這個認識基本上是正確的，但失之於空泛。所謂「盡氣」、「盡理」、「綜和」、「分析」，都有其基本的表現方式，而在文化的不同層面上有所展現。中國哲學中並不是完全沒有分析盡理的精神。我曾指出朱子已強調高度的理性精神，孔子的言論也透顯強烈的分析盡理精神❿。

中國人處世一般都重情講氣，偏向氣質的人性發揮。而中國的社會意識傳統也以重情講氣爲主；但這不足以否定中國也有理性思考的知識傳統。至於如何把理性與知識擴展，以適應建立現代社會的需要，則中山先生所提示的思考模型和方法值得我們借鏡。

首先我們要認清當前中國社會面臨的問題。對問題之所在有明晰的掌握後，其次再以當前最適當的方法來處理。所謂「最適當」，是指經過歐西思想與制度的試煉與察考，接受他們良好方法的提示，對不好的方法予以批判。以自由問題爲例：獨立的主權是我們的目標，但因爲自由的濫用造成無政府主義，或是強調集體的強大而犧牲個人基本人權自由的馬克思主義，則我們不能苟同。若以明辨眞僞的尺度衡量中國的傳統社會，則必須捨棄散漫的自由。爲此，儒家潛在的求知精神，不拘囿於家族中心倫理的道德精神，則爲我們所應存續恢宏者。換言之，傳統必須置於現實問題的格局中，才能顯現其積極的意義。解決的方案則必須綜合中西傳統與學術求得。

---

❾ 參見：牟宗三：「歷史哲學」。

❿ 參見拙文：「論孔子之知與朱子之理」。

基於以上的觀點，如果我們再問：儒家的道德自由究竟能不能開拓出民主政治，開拓出現代意義的自由？如果「開拓」只取其簡單的自然演變的意義，則儒家所主心性的自由、道德的自由不足以演化成民主自由、基本人權的自由，或民主國家的自由；不但如此，在特殊的歷史條件下，反會導致散漫的自由。不過，如前所述，如果道德自由能夠配合知識的認定，則一定可以引進現代社會所需的國家自由與基本人權自由。這個問題若只要求就儒家內在思想求解答，即使答案是肯定的，也只是儒家思想單方面的貢獻，還不足以解決當前的問題。除了前述的一些基本解決方針外，就當今民主政治的實施要件而言，大致可分爲下列諸點：

一、社會中的每一分子須有正確的權利和責任觀念，亦卽權責分明。責任是就社會整體而言，而不是局限於家族與宗族的範圍。二、個人要對政治功能有所了解，也就是對中山先生所說的權能區分以及四個人民的政權與五個政府的治權有清楚的認識。這也是民主意識的問題。三、個人是否具有理性思考與認知的能力？民主社會需要人人有法律的知識及守法的精神，且對是非善惡有正確的判斷，因此現代社會教育必須重視理性的思考與認知能力。四、在做決策或判斷價值時，當憑理性思考原則決定，而不是藉重權威、人際關係或個人利害而決定。此卽個人在社會中的行爲方式，是基於理性的模式，而非基於權威的模式。

就以上數要件而言，我們的民主環境顯然還欠缺有利的條件。我們的教育對民主意識的培養還不夠加強。因此，在這些要件的衡量下，傳統是否能滿足這些條件，值得我們留意。這是對傳統進行總檢討，同時也是對傳統進行眞正重建的一個重要課題。此一總檢討及重建是以適合現代生活的理性需要，完成現代社會中民主的宏構爲目標的。

我曾撰文指出⓫，儒家價值體系支配的傳統社會涵有一種責任觀念，在知識分子中尤其顯着，但中國傳統社會却沒有權利觀念。也可以說，中國社會所缺乏的是現代人的人權觀念，而非另一種基於人際相互關係而確認的責任人權觀念。社會價值觀不鼓勵個人主動要求自身的權利，却要求個人自省是否盡了自己的責任，完成其應表現的德性。儒家這種內在倫理的人權責任觀念，是把人權放在關係者的主動責任上來談。這種想法從道德觀點言之，固然無可非議。但是，現代人權的基本要求是個人自身要有自覺，社會要有共識。只有個人認清個人獨立的價值，在理性與平等的地位上爭取個人的權利，責任的觀念才能維持，社會秩序也才能維持。如果不據理力爭個人的基本人權，而只在關係責任上要求，則理想陳義過高而與現實脫節，社會規範僵化成爲僞君子暗中行惡及推卸責任的護身符。這是由於基本人權及民主的不得實行的原因，不是在於個人的自覺和努力，而是在於當政者或關係者的責任。更重要的是，民權思想中最主要的觀念是主權在民，而毋需強調人權在人；只有強調人的積極參與及人的自覺，才有實現完全民主的可能。

⓫ 參考❺。

九、結論：民主政治應在現代與傳統結合的基礎上實施

總而言之，民主政治的實施有賴知識與教育大力推行，此一重任不論是社會或政府都應義不容辭來擔當，且應相互配合來完成。在爭取民主自由的階段，革命黨的任務可說是以先知覺後知的地位，來激發國人的爭取自由與平等的信念與信心。它的手段是推廣與拓展知識，以及提高國民教育水準。這是知識分子組成的革命黨所應採取的基本政策。革命黨在國民革命的過程中，扮演教育家與知識推廣家的角色，在社會進化階段中是恰如其分，且不可或缺的。一旦民主政治開始實施後，革命的政黨則須隨社會的進化而轉變爲全力支持民主政治的政黨。中山先生在民國元年的「國民黨宣言」一文中指出⑫，政黨是實現民主政治的簡要手段，好比革命黨對民主意識的發達有直接且重大的貢獻。中山先生特別強調：「唯是國民合成心力之作用，非必能使國民人人皆直接發動之者。」這是指國家之所以成立，「蓋不外乎國民之合成心力」。「同此圓頂方趾，其知識能力不能一一相等論者衆矣！是故有優秀特出者焉，有尋常一般者焉，而特殊優秀者視尋常一般者，常爲少數。雖在共和立憲國，其直接發動其合成心力之作用，而實際左右其統治權力者，亦常在優秀特出之少數國民。在法律上，則由此少數優秀特出者組織爲議會與政府，以代表

⑫ 參見：國父全集：第一册：「宣言：國民黨宣言」，第七九三頁。

全部之國民。在事實上，則由此少數優秀特出者集合爲政黨，以領導全部之國民。」⓭

民主政治顯然需要政黨以發揮民主政治的作用。政黨是代議政體的基石；政黨基於人民利益及國家利益所進行的言辭論爭也是正常現象，應予以鼓勵。中山先生說：「黨爭者，絕好之事也。須知所爭者，非爭勢力，乃爭公道。」「國家必有政黨，政治始得進步。」⓮「若無政黨則民權不能發達，不能維持國家，亦不能謀人民之幸福，民受其毒，國受其害，是故無政黨之國，國家有腐敗民權有失敗之患。」「中華民國以人民爲本位，而人民之憑藉在政黨。」⓯可見中山先生早已體認，政黨建立與政黨制度是維護民主政治的主要基石，同時從知識與教育的功能來看，也是提高個人民主自覺和社會民主共識的重要推動力源。中山先生在此顯然又是參考西方民主政治的實施及反省中國傳統之得失後，所研擬出的最佳結論。他對政黨政治的期望與信心，顯然是以西方的民主實施模型爲借鏡的結果。至於如何配合中國傳統的政治與社會意識與行爲模式，使此政治與社會的意識與行爲模式，提昇成爲以全民利益爲重的意識與行爲模式，則是當今有心推行民主政治之士的重大考驗。儒家有「爲生民立命」，「爲萬世開太平」的理想，以此理想爲準，則可體認民主社會的常存與持續茁壯，以及民權的充分伸張與屹立不搖，實爲不可避免

⓭ 同⓬。
⓮ 參見：國父全集：第二册：「演講：政黨宜重黨綱黨德」，第三二四頁。
⓯ 同⓮，第三二三頁。

的趨勢。準此意義以觀，道德自由、心性自由，實在不能不配合建立現代國家所需的民主自由與基本人權來發揮充實自我以及美善社會的功能。而在此配合的基礎上，五四以來所面臨的德先生的問題也就可以迎刃而解了。

第四章　生活問題：兼論民生主義的基礎問題

一、生活概念與民生問題

社會的發展是多面的。但是社會既爲一個整體，就有其多面發展中共有的一元基礎。這個共有的一元基礎就是組成社會之個人所面臨的求生存的問題。

所謂「生存」，是指物質方面的成素；至於「生活」，則是基於生存而開展出來的生存方式和持續發展的方式。換言之，生存可就單純的生物存在的事實來瞭解，而生活則需包括人的精神價值和內涵。人之異於其他生物，即在於人不但有生存，更有生活。

事實上，就人類生存的本質而言，人類的生存方式早已涵蓋生活的概念。人類不可能僅有如動植物般存在於世間。吾人更可說：人的生存就是展示人類生命活動的各方面；人是萬物之靈，集理性、情感、意志、欲望於一身，因此在生活中表現出理性、情感、意志、欲望交互影響的形態。於是，就人的活動與人心的特徵而言，人就有了所謂生活的問題。

生活的問題，除了上述之物質與精神二層面之外，還包括社會的因素。由於人類必須和自然物種進行生存競爭，單獨的個人幾乎不可能生存，所以個人必須依附人羣生存。就此意義而言，社會即代表人類求生存的方式，也是人類據以進化的原因。於是，我們可以進一步把人類生活區分爲個人生活和社會生活。人類的生存依賴社會的存在；個人生活也唯有在社會生活中才能獲得完整的意義。個人與社會固然相互影響依恃，但兩者仍然可以明確地區分，因爲社會中的個人仍有其自我的個人生活❶。

依荀子之見，人類由羣集而產生分工，爲了共同的需要而貢獻個人之所長，因而達到維護個人生存的目標。由此可見荀子所講的「分」有兩個意思：分工與分得，亦即人力的分工、所得的分配，以及權力的分配。社會一經形成就有「分」，也就是有「分工」與「分配」的問題。如何分工與如何分配是社會問題，也是民生的重要問題。

社會一旦有了分工與分配的問題，就一定會產生管理的問題，政治意識隨之成形，繼而形成國家。在此過程中，社會逐漸變遷爲多元的組織，而統一多元者就是國家。相對言之，社會中的

❶ 有關個人依賴社會以求生存的說法，先秦時荀子及墨子都有所論列。西方學說中則有休姆（David Hume）主張人爲社會的動物，有賴社會的發展以維護個人的生命。可參見休姆氏所著："A Treatise of Human Nature, Book III, of Morals"

個人也從單純地求生存的個體，經由社會的分工與國家的統治，而化爲社會中經濟與政治制度下的一員，且進而成爲國家中的國民、公民。經濟制度下的個人既可爲生產者，也可爲消費者；政治制度下的個人，可爲治人者，也可爲治於人者。由此可見，社會趨向多元化的發展，正足以反映個人多元的需要。因此，生活也就成爲十分繁複而又蘊涵深厚的觀念。個人的乃至社會的生存，旨在維持基層的生命形式，且在物質條件決定下展開生活，精神內涵則在生活開展的過程中逐漸實現。我們可以就不同層次的社會或社羣，來分別論列國家的生存與生活，民族的生存與生活等等。

生存與生活之外，還有生計的問題。生計問題是指解決生存與生活的方案所衍生的問題，也就是由生存層次到生活層次發生的求生方法的問題，例如：生產事業的發展、生產資源的開拓等等。對生計問題有如上的了解之後，我們必須進一步追問：生命究竟是什麼？這個問題必須區分兩個層次來回答：個人的生命是生存與生活的基礎和動力；社會的生命則爲個人的生命透過制度的安排與生產的開發，由達到生活與生存的目標來完成。於此可見，生命既然是個人和社會存在的基礎，生命就必須透過個人和社會來實現，實現的方式就是求生存，同時透過求生存的設計以及制度的安排，達到生活的目標。此外，我們必須強調：個人與社會是相互關連的，沒有個人生命就沒有社會生命；沒有社會生命，個人生命就無從開展以營生活。就此而論，生命也是一個繁複且蘊涵豐富的觀念。

中山先生在民生主義第一講指出，民生就是人民的生活、社會的生存、國民的生計、羣衆的生命。中山先生在此不曾對生活、生存、生計以及生命的關連加以解說，不過就上述之生活、生存、生計與生命的觀念而言，我們可以了解中山先生所說的民生，實應包含個人與社會求生存以達到生活的目標，同時發揮生命的價值與意識等事項。因此，民生問題顯然是人類最重要的問題，也是人類歷史進化中最核心的問題。

二、社會進化與民生史觀

歷史是由人類活動所組成，而人類活動的根源就是求生存。求生存是起點，其成果是達到生活方式的建立，其目的是尋求生活需要的滿足。求生存因而是歷史發展的基本動力。但是，隨着時代的變遷，社會不斷地求發展，因而形成種種不同的生存條件。由於生存條件的迥異，於是生活有了不同的方式，不論是社會制度、政治體制、文化體系，都不盡一致；但是生活的目標，就求生意志或生命意義之歸趨而言，却共同指向一個至善完美的理想。如果個人生活目標與社會發展、政治體制之間產生不和諧或不相應，也就無法並行不悖。那麼社會羣體就必須設法調解這些不圓滿的狀況以期達到圓滿。中山先生以為根本的調解之道就是互助合作。

社會存在的起源，就是基於組成分子的互惠和互助。互惠和互助既是社會進化的主要方式，也是解決社會問題的動力和原則。不論就生命意義和人類求生存的體驗而言，或是就人類社會的全面發展及歷史演進的過程而言，這個道理都是顯而易見的。以此見解爲準，我們可以尋繹出人類生活進步、社會發展以及歷史進化的兩大原則：

㈠人類以生存意志來實現生活目標，進而發展成社會文化及科技。

㈡基於人類求生經驗和歷史進化的軌跡，我們可以肯定社會的發生是基於互惠和互助。所以互惠和互助是解決人類進化中矛盾衝突的方法及原則。

以上兩原則的肯定，在中國儒家哲學中早已有所開展及提示。就第一項原則而言，儒家係以生命爲宇宙本體，人類生命就是宇宙生命的發揮。易經繫辭有言：「生生之謂易」，又言：「天地之大德曰生，聖人之大寶曰位，何以守位曰仁」。易經指出生命是宇宙性的，但是人類如果要保存社會以維持其生存，就必須發揮仁愛的精神，而仁愛的精神也是蘊涵在求生存的意志裏面，所以從生到仁是儒家重大的體認，是關乎宇宙生命之體認。至於尙書強調：「正德、利用、厚生」，也是肯定羣體生活之重要性，說明生命目的在於如何維持生活，使生活能發展，並使個人與羣體能夠得到同時發展。就第二項原則來說，儒家思想從對生命的反省獲得對仁之體驗，主張「仁者，生生之德」也，而引發出「和」的觀念。孔子說：「和爲貴」(學而)。中庸發揮了「致中和」，「萬物並育而不相害」的思想。這些思想都是解決生命衝突的原則與方法。基於以上兩大原則對生活最終目標的追求，自然建立了一個理想的「生活世界」，那就是禮運篇大同的思想。這是儒家對個人及社會的最終理想。

總觀有關生活及生命之思想，我們可以得到以下結論：第一、歷史的進步、社會的形成是以求生存為起點；第二、生活的進步及歷史的進化，所依持的原則是仁愛原則，亦卽互惠與互助的原則，這也是社會形成的基礎；第三、人類生活與社會進化的目標，在於建立「生活世界」，使個人和社會都能發揮其最大意義。以上三點可說是中山先生民生史觀的說法，也是中山先生思想的精義所在。

民生問題卽人類求生存的問題，以達到生活的目標，再以生活目標的滿足來解決生存問題。根據中山先生引威廉氏（Maurig Williams）的說法：生存問題是歷史進化的原動力，是相對於馬克思所說：「物質是歷史之重心」。馬克思認爲社會進化的原動力是階級鬥爭，階級鬥爭的原因是經濟利益的衝突。馬克思認爲經濟是一切活動之基礎，同時以物質的生產方式與生產關係做爲經濟活動的基礎。所以馬克思肯定物質的生產力和生產關係爲人活動的中心，物質的生產力與生產關係乃是引起階級鬥爭的原因。而階級鬥爭的活動是社會進化的理由。

馬克思主義及學說，顯然對個人生存與生活並沒有完全掌握，並在基本上對之產生一種簡化的結論。前文已指出人類求生存以達到生活的目標，不僅有物質的層面，更有精神社會的層面。如果我們仔細分析經濟的行爲，就可發現最原始的社會已經有它的價値觀念，這是因爲人類可以透過其知能賦予物質生產活動以精神的意義，因此不能把物質進化的原動力完全歸之於經濟活動。至於利用經濟利益的衝突來從事階級鬥爭，更不是解決生活方式問題的唯一的或正確的方法。經濟利益的衝突只是生活方式的不完滿所造成，而必須透過理智的認識來加以協調，進而建立一個新的生活方式。所以階級鬥爭、經濟利益的衝突，並不是進化的原因。相反的，却是進化中發生的問題。唯有透過對此問題的解決，才能進化。而解決問題的方法就是人類社會賴以協調之互助與互惠的精神。另一種簡化乃是馬克思基於他對西方歷史的認識，擬定西方經濟活動發展階段，形成他所謂唯物史觀的說法。他並把這套模型應用到全人類各文化史上。我們認爲這是另一種簡化，主要的理由是西方歷史發展模式並無一機械的定律可循，也並不一定能直接套用在中國歷史發展過程上。更重要的是，如上所指出，馬克思建立歷史發展模式所依賴的經驗事實和其理論基礎，並非是完全正確的分析。

統而言之，中山先生的民生史觀不僅發揮了儒家的生命哲學與民生哲學，同時更抨擊了馬克思的唯物史觀的說法。我們可以說，中山先生不僅洞悉唯物史觀的弊病，認識到唯物史觀所肯定的階級鬥爭是造成今日世界紊亂的罪魁禍首，且更深入思考，藉着對中國歷史與中國哲學的反省，提出新的理論。這個新理論把中國哲學的內涵加以發揮，作爲歷史發展進化的理論基礎，這就是民生史觀。簡言之，民生史觀基本上是對人類生活問題的緣由做了一番哲學思考；而民生主義則是爲解決社會與個人問題所提出的原則與方案，所以民生史觀乃民生主義之基礎。進一步說：由於歷史的進化牽涉到民權的進化、社會的進化與文化的進化，所以當社會民生發生問題時，整個政治、社會和文化體制也相應的發生問題。就此而言，民族、民權之問題，都可看作生活問題的延伸及表現。解決生活問題、社會問題，相應的也能解決政治問題、文化問題。也就是說民生史觀不僅是發揮生命意義的生活哲學，是民生主義之基礎，同時也是民族、民權主義之基礎。

三、才能及酬勞分配問題及其解決原理

生活問題的提出是以解決人類實際遭遇的生活與生存爲要點的。人類社會實際面臨的問題，顯然可就以下三方面來考察：一、才能及酬勞分配，二、財富分配，三、權力分配。權力分配我們在討論民權主義的基礎問題時已談到，以下先講能力分配。

所謂才能及酬勞分配問題就是人因自然的不平等，而有才質不同的分別，進而有了社會上能力及酬勞的分配問題。人雖有才質的不同，但是人類生活需要却有共同點，那就是每個人都期望一個安和樂利的生活，進而產生社會以求生活安和樂利的理想。能力及酬勞分配的問題乃是如何使每個人各盡其能以滿足社會共同的理想，也就是如何做到各盡其能各取所需的境界。中山先生在一八九四年上書李鴻章說到：「人盡其才、地盡其利、物盡其用、貨暢其流」，後來又在興中會成立之後發表「興大力以厚民生」的主張，顯然是希望透過社會與政治的力量，使個人與社會生活問題得以解決，也就是希望使社會中的個人都能夠滿足其需求，同時也使社會能保持其和諧與安定。

就歷史事實來看，顯然個人在社會中往往不能盡其才，也就是往往得不到適當的發展。尤有

甚者，人才能力的發展往往不能得到應得之報酬及滿足，造成了社會中個人生活條件的匱乏，以及社會的貧窮。失業問題，便是個人生活與社會生活同時發生問題典型例子。所以，如何解決生活問題，一個重大考慮就是如何使社會中個人得到適當的工作安排，發揮其才能以滿足生活需要。人才開發需要藉重教育的體制來實現，人才運用需要藉重行政與經濟的體制來調節，而生活需要的滿足則需要借重社會酬勞的體制來回應。這些體制如果能做到公平、公正與公開，則問題自可迎刄而解。相反的，這些體制如果不能做到公平、公正與公開，則人才無法開發、人才分配無法平衡，更遑論酬勞的適度配應。所以人才運用、人才開發、酬勞分配等問題就涉及教育制度與社會工作制度公平與否的問題。

反觀傳統中國社會，在才能分配上顯然都是任其自然演化。早期中國社會由遊牧過渡到農業社會，由於社會漸趨複雜化，必須有一個社會的分工體制來規範才能的分工；爲了解決才能的分配問題，因而形成了分工制。於是產生了治人與治於人，勞心及勞力的分野。這就表明才能之分配必須透過這兩類範疇來觀察。例如，農、工、商或兵這些都屬於受治於人的階層或勞力階層；相對於勞力或受治於人的階層，公侯、士大夫等政府官吏就構成所謂治人或勞心階層。由此我們可以了解到，傳統中國在政治管理方面可以說很有經驗，很有成就。十八世紀萊布尼玆就曾稱讚中國是最富有行政經驗與政治智慧的民族。當然傳統中國社會所以沒有像西方僵化的社會階級、僵化的封建階級，並不只是因勞心、勞力、治人、治於人之分工制度的成就。更重要的是，在這分工體制下，社會允許這兩個階層相互溝通和參與。溝通指政府對民間的探訪，這點做得並不理想；參與則是指透過考試制度，使社會羣體大衆都有機會進入治人與勞心的階層。甚至於當這兩階層不能協調時，人民也能揭竿而起，在亂世中建立新的朝代。所以我們可以這樣說：傳統中國社會在才能資源的分配上是相當開放而且機動的。當然，我們這裏假定了社會國家在沒有天災人禍的條件下所表現的分工情形；如果天災人禍不斷，社會國家自然會產生才能分工的不均，進而有了改朝換代的局面出現。這樣的例子表現在清代末年，列強侵略時最爲明顯。然而，大致上我們可說：改朝換代的局面本質上就是社會的一種自覺，一種爲適應世界潮流合乎人羣需要的一種革命運動之自覺。

另外要指出的是：才能之分配與酬勞之分配，往往會因科技之進步而帶來重大的改變。此中關鍵在於科技掌握控制自然的能力，產生了前所未有的物質生產能力，以致造成了社會經濟改變，孕育了新的宇宙觀與人生觀。這種科技進步所造成的震撼，對人類價值言，早期反應是一種自信與自滿。但是到了後期却產生了相反的效果，卽在機械文明的束縛與影響下，使人覺得自身不過是「物」罷了，因而帶來了一股時代的低潮。也由於這種低潮的心態，使社會中的個人產生了對政治體制、社會體制要求合理化的呼籲。由此可見，現代社會的構成因素，就是社會才能的分配要求和因之而起的一種重組社會、政治與經濟體制的要求。

西方社會在近代面臨了這樣巨大的改變，中國的處境也是一般。自中山先生建立民國以來，撇開共產黨的發展、奪權與統治大陸這段歷史不談，中國所面臨的時代問題是如何從農業社會步入工業社會的問題。在這一變遷中，個人在社會中不再像傳統中的士農工商般的扮演着一個一元角色。由於政治經濟劇烈的變遷，社會中之個人必須擔負起多重的角色來因應社會的需要。同時由於生產力之提高及自由經濟的發展，使得社會形成了資本聚集，而有了社會中個人財富不均的問題。我們已討論現代社會中才能分配的問題後，下面卽就社會中財富分配問題提出討論。

四、財富分配問題——土地分配問題

中山先生民生主義最重大問題就是財富分配問題，所謂財富分配問題，在此指的是社會中個人在民主體制下，所能得到和所應得之財富平衡或不平衡的問題。現在我們假設社會中人才的分配是合理而又公平的，亦卽假設我們的教育制度、工作機會和自由發展的機會是公平的，那麼我們還面臨資本聚集的現象。如果我們把資本分成活動資本與不活動資本；財富分爲活動財富與不活動財富。如此，自然可以把土地引進來，看成資本。所以財富的分配問題變成資本與土地兩大方面的分配問題。

㈠傳統中土地的分配問題

傳統中國在先秦時代就面臨了土地分配的問題。當周朝制度破壞之後，商業興起引起土地兼併，人民流離失所，土地分配發生了問題。孟子提倡恢復井田制度，認爲藉此方能解決土地與生活的問題。但是由於井田制度必須要在一個安定而人口不多的社會始有實行的可能，所以恢復井田制度是否眞能解決問題仍大有問題。但是値得注意的是：孟子針對解決人民生活問題揭櫫了一個重要觀念。他說：「制民之產」（梁惠王上），「有恒產者有恒心，無恒產者無恒心」（滕文公上）。這裏就明白指出土地的重要性，認爲社會之個人必須有土地始能發揮其才，始能對社會有所貢獻，同時使國家及社會上軌道。孟子更進一步發揮說：「仁政必自經界始」（滕文公上），這就是說善政是從測量土地、畫分界限開始做起。換言之，他所指出的就是如何解決土地問題或土地公平分配問題。雖然井田的實施，在當時社會境況下有其困難，但是孟子看出土地問題及其正確解決途徑，關乎社會人民生活的根本問題，此確實是一大創見。

孟子之後，先有商鞅變法，把貴族的土地轉移到農民，這是實際把土地國有，再行分配以解決土地分配與社會生產力問題的起點。把財富問題當成土地問題之起點。繼之而來的是王莽基於井田而創設的授田制，以及北魏孝文帝的均田制和王安石的方田均稅法。有清一朝最主要的變革首推洪秀全之土地改革。事實上，洪秀全起義和清朝土地分配問題有關。清朝土地經過百年安定，造成土地兼併現象，所以有「有田者什一，無田者什九」之說法❷，這是傳統土地問題所自然引起的剝削及財富不均的問題。

---

❷ 參見：邱家穗：「丁役議」，載於「經世文編」第三十卷。

㈡中山先生對土地問題之認識及解決方案

中山先生早在主張革命時期就已經對土地問題特別的重視。在一八九九年與梁啓超談到土地問題時，特別提到如果實行土地國有，人民之地租就可以減少。我們可以肯定在當時中山先生已有了土地國有的思想。後來又與章太炎談到：「不稼者不得有尺寸耕土。」❸到了一九〇三年，興中會成立時，更明白的規定了「平均地權」的條文；甚至於在一九〇四年「致公堂新章要義」，中山先生就把「平均地權」放在與「驅逐韃虜，恢復中華」並列的綱領中。在同盟會時代的軍政府宣言中，中山先生強調：「文明之福祉，國民平等以享之。當改良社會經濟組織，核定天下地價。其現有之地價仍屬原主所有，其革命後社會改良進步之增價，則歸于國家，爲國民所共享。肇造社會的國家，俾家給人足，四海之內無一夫不獲其所。敢有壟斷以制國民之生命者，與衆棄之。」可見中山先生對平均地權的認識可以說是經反省傳統歷代中國所面臨的土地問題所得之結論，而土地問題也正是傳統中國最嚴重的財富不均問題。

中山先生平均地權實施的具體辦法，首先要核定天下地價，方法是由地主自報地價。繼核定地價之後，就是照價收買、照價收稅。方法是地主自報地價高就納稅，自報地價低就收買。平均地權是求得地價公平的策略，這個策略有兩項意義：一是政府可以逐漸把土地收歸國有；二是土

❸參見：國父全集：第二册：「談話：論均田之法」，第七八七頁。

地收歸國有並非強制執行，而是以地主自報之地價收歸國有。除照價收買、照價收稅外，另外一個設想便是漲價歸公。漲價歸公的意思是地主自報地價後若有增值，則歸國家所有。理由是地價之增值是社會發展所致，而社會發展則是因衆人努力所致。所以地價增值不能任由地主坐享其成，而當歸全國民所享。

總觀此四要點：自報地價、照價收買、照價收稅、漲價歸公，可說是針對土地問題逐步再分配土地的措施，同時也是使土地不平等漸入平等的措施，更可以說是基於合情合理的民享原則所發展出來的土地改革方法。這種方法不同於共產主義以革命手段把土地強制收歸國有。中山先生對這四方案處理土地分配問題，本質上採取的是和平漸進的方式。附帶一提的是照價收稅時應如何確定地稅的問題。無疑的，地稅是政府重要的收入，也是平均地權中重要的關節，這點實值得我們重視。

土地分配問題最終目的是解決社會貧富不均現象，同時要使社會制度做到保障一分勞力、一分收穫，並要避免有坐享其成之現象發生。顯然要達到此目標，需要透過各種制度之安排及社會意識之提高。中山先生倡導土地改革政策，可說是以民權主義爲方法。換句話說，就是透過民主方式逐步實現民生主義，這是中山先生民生主義與馬克思社會革命首要迥異之處。

第二點相異之處可以就均富原則與人性基本需求之傾向談起。如果拿今日在臺灣實行的三民主義土地政策與在中國大陸所實行的共產主義土地政策來作比較，就可明顯地看出，前者是增加了社會的總財富，後者卻是減少了社會總財富。換句話說：一個是均富，一個是均貧。爲什麼會有這樣的差距呢？這是由於在中國大陸所實行的共產主義土地政策，限制了人民的生產力，也限制了土地的生產力，而把全國人民導致同等的貧窮。全國土地完全爲無產階級專政政府沒收，農民都變成終身的佃農，政府卻變爲永遠的大地主。但是這個政策的效果是：由於土地爲政府強制沒收，人民沒有土地而變成國家的佃農，自然而然就缺乏工作熱忱，土地的生產力也因之相對的減低，社會自然毫無進步，國家也自然落後貧窮。所以激進的土地收歸國有政策是不能解決問題的。社會財富分配的公平在於不妨礙人力的分配與社會財富增加之原則。更重要的是必須在不違反基本人性需求下實施。這就是共產大陸與臺灣在土地分配問題處理下造成天淵之別的理由，同時也是共產主義與三民主義根本態度差異之所在。

繼中山先生土地國有化政策發展的是「耕者有其田」政策。中山先生「耕者有其田」主張的提出是在民國成立之後。這是在革命之後對於土地問題更深刻的體認，而以之做爲解決土地問題最終之方針。他認爲中國雖沒有大地主，但是一般人民有九成都沒有田地，他們所耕之田地大都是地主所擁有。因之，有田者反而不耕田。照理說農民該爲自己耕田，而收成的農品也該歸農民自己所有。但是當時農民都不是爲自己耕田，相反的卻是替地主來耕，而其產品也大都爲地主所奪，這是一個很大的問題，應該立刻用政治和法律來解決❹。所以中山先生在一次「耕者有其

❹ 參見：總理全集，第一集，第二五二頁。

田」的演講中說：「耕者有了田，只對國家納稅，另外便沒有地主來收租錢，這是一種最公平的辦法。我們現在倣效俄國這種公平辦法，也要耕者有其田，才算是澈底的革命。」❺

可見中山先生認定「耕者有其田」較諸漲價歸公、照價收買能更進一步解決土地分配問題，因爲其目的在使農民得到自己勞苦所得，使這種勞苦所得不爲他人所奪。總言之，「耕者有其田」的目標乃是把土地的所有權與耕者合而爲一，以做爲財富分配公平的基礎。

前面所談的主要是「耕者有其田」的理論基礎。進一步我們必須討論「耕者有其田」的實施辦法。吾人可以簡捷的指出：「耕者有其田」的實施是漸進的。「耕者有其田」的實施並不是政府把土地沒收而使耕者都有田，相反的仍是要透過照價收買的方式使土地爲國家所有，然後再授田給農民。中山先生曾指出：農民之缺乏土地淪爲佃戶者，國家當給以土地資其耕作❻。同時更進一步指出：「土地應由國家收買。……國家所得土地應均爲農莊，長期代諸移民，而經始之資本、種子、器具、屋宇應由國家供給，依實在所費本錢、現款取償，或分年攤還。」❼可見中山先生對於土地問題還是主張由國家收買並長期貸款給農民，甚至在經管農土時的工具種子資本也主張由國家予以協助。至於農民因缺乏資本以致負債終身，國家也應設計調節機構，如農民銀行

❺ 參見：總理全集：第二集，第四九八頁。
❻ 參見：總理全集：第二集，第四八頁。
❼ 參見：總理全集：第一集，第五六〇～五六一頁。

等以供應其匱乏❽。總言之，「耕者有其田」的實施，還是要經過一個合法的手段來達成。這個合法的手段不外乎照價收買。另外就是土地國有化後，把國家土地放領給農民。這也是一個緩慢的過程。這些都是要經過系統的規劃、長遠的設計，始能達到平均地權的理想。

五、財富分配問題——資本分配問題

中山先生所以談有關土地分配問題，一方面是觀察到中國土地問題之嚴重，另方面則是基於對西方土地問題的考察提出解決土地問題之方法。有關平均地權及土地國有的觀念，大致是參考美國學者亨利喬治（Henry George）及英國學者約翰彌勒（J. S. Mill）的學說而來。亨利喬治在「進步與貧困」一書中說：社會進步的利益爲地主所吞沒，所以必須以租稅的方式徵收地主土地稅，並廢除其他租稅，這樣才能消除貧富之鴻溝、實現社會主義。約翰彌勒在「經濟學原理」也攻擊地主階級之不勞而獲，提倡核定地價，把現有土地的價值歸於地主，但是社會進步後土地所增加的價值則以賦稅方式交與國家。可見中山先生漲價歸公、照價收買的思想都是深得西方思想之啓示。

中山先生認爲民生主義最大課題便是解決土地問題。在這裏他接受孟子的啓示，對土地最終

---

❽ 參見：總理全集：第二集，第四八頁。

極的原則是不廢除私有財產制度。同時他更主張基於對人性的考察，來行使仁政。要知孟子雖然主張恢復井田制度，但其精神並非只是單純要恢復井田制度而已。所謂正經界，主要目的是要把土地所有權作一個規劃。所以規劃土地（「制民之產」）是孟子的精神。這種精神最重要的觀念是：「無恒產者，無恒心。苟無恒心，放辟邪侈，無不爲已。」（滕文公上）「制民之產」的目標是人民有恒產。就土地問題來說就是要使人民有土地，允許私有財產的存在；就耕地問題來說就是要耕者有其田。推而言之，就是在制民之產之後，於實施平均地權時，一方面顧全到「無恒產者，無恒心」的原則，另方面更要顧及提昇生活滿足的重要原則。換言之，平均地權不是把人民推到一致貧窮的水平線，而是要提昇人民的財富。

基於以上這些認識，我們可以進一步了解「節制資本」的重要性。「節制資本」在中山先生上書李鴻章中就已提及。他的目標是要把中國從一個農業國家發展爲工業國家。中山先生爲什麼要中國走向工業化、走向實業化呢？他說：「蓋實業主義爲中國所必須，文明進步必賴乎此，非人力所能阻止，故實業主義行於我國也必須。」❾換言之，要求工業化、實業化、都市化乃世界之潮流，也是合乎人權需要，更是富國強國的道路。

中山先生爲了使中國由農業社會走向工業社會，曾構思了一個經濟發展的實施方案，那就是

❾ 參見：總理全集：第一集。

「實業計劃」。在這計劃中，對於如何建設鐵路、港口、水路運輸、電力、石油、鋼鐵、造林、開荒，都有明白的說明。至於如何達到以上所說的轉化而又能避免資本發達後的問題，中山先生乃提出了節制私人資本、發達國家資本之主張。

中山先生指出實業計劃應分兩方面進行，一個是個人企業；一個是國家經營。他說：「凡夫事物之可以委諸個人或其較國家經營爲適宜者，應任個人爲之」；「至其不能委諸個人及有獨佔性質者，應由國家經營之。」⑩可見國家經管之對象與個人經營之對象必須做一個整體性的劃分。同時這樣的劃分必須以國家社會全體利益爲着眼點。從這一觀點來看，鐵路、電氣、水力、水道這些企業都應由國家來做。因爲一旦爲私人獨佔，則將造成把多數人的利益交諸少數人的現象，這樣就會對社會的發展形成一種無形的壓力和破壞，自然不能促進社會全體之進步。

至於如何發達國家資本，中山先生的看法是國家資本爲人民共有，必須要做到開源節流，大量生產。這裏顯然先行預設有個健全的國家機構。這個國家機構是以全民利益爲目標的，同時又是明智而萬能的。由此可見發達國家資本乃是以民生目標與民權方法爲基礎的，否則便會流於官僚政治及競爭力的缺乏現象。

至於節制資本的理由，中山先生顯然認爲是要避免資本家和工人貧富之懸殊。尤其認爲工人

---

⑩ 參見：總理全集：第一集，「實業計畫」，第五一七頁。

應獲得其應得之報酬，而不當受到資本家的剝削。也就是說，節制資本的目的是不希望個人資本壟斷市場，傷及全民之利益，同時也在減少資本家與工人貧富之距離。中山先生說：「世界一切之產物，莫不爲工人之血汗所構成。如工人者，不特爲發達資本之功臣，亦卽人類世界之功臣也。以世界人類之功臣，而受強有力者之虐待蹂躪，我人以爲不平，況有功于資本家而反受資本家之戕賊乎。」⓫這是鑒於西方資本主義過分發展所造成的勞工問題之反省。至於如何節制資本，顯然中山先生並沒像土地分配問題一般提出更具體的計劃。但就防止壟斷這一方面看，顯然中山先生認爲一有壟斷則必須加以社會化。這點可從歐美，尤其是美國的措施來加以認識。在美國，任何私有企業組織發展到相當大的地步時，國會有權阻止其壟斷，透過立法，強制分割該企業，並允許競爭者之發展，以收限制大企業壟斷局面之效。美國ＩＢＭ和ＩＴＴ之發展受國會限制就是最好的例子。當然ＩＢＭ和ＩＴＴ都已變成最大的資本企業。至於在國家工業化發展途中，節制資本是否有伸縮餘地，乃是值得進一步探討的課題。

六、臺灣經濟發展模式

今天我們也許需要大量資本來發展社會及國家。如果我們過早限制資本，那麼對於一個企業

⓫ 參見：國父全集：第二冊：「演講：社會主義之派別及方法」，第二九四頁。

向國外之競爭力及其向國內之開發力是否會有影響，是值得商榷的。臺灣過去在經濟方案上有兩派在競爭，一派是主張政府管制資本之發展，包括對貨幣之控制，也就是阻止大資本之發展，希望貧富不致過分懸殊。另一派則主張放鬆資本之限制，政府應鼓勵輔導大資本發展。我們如果基於對財富平均分配之原則及節制資本之眼光來看，顯然，我們應就問題的原則性與因應性兩面來分析。原則性是政府應有防範私人資本無限制擴大的警覺，尤其要防範社會貧富懸殊之現象。換句話說，我們必須考慮到資本的發展是否能夠增進社會財富，又能減少社會貧富的差距。如果能肯定此點，吾人始能考慮是否擴大資本。亦卽，資本的大量發展以增加社會之財富及增加工人之收入爲準則，基於這個考慮，我們始可就環境需要來調整節制資本之尺度和標準。

統言之，如何節制資本除了爲一原則性問題外，仍需基於實際考察和對環境認識來做決定，而絕不能僅以抽象原則性來決定一切。除了上述提高社會財富、拉近貧富距離、及提高貧者收入原則外，我們仍要考慮到：勞力者所得是否相應於勞力者之支出(此點在酬勞分配問題已談過)。關於此點，中山先生之基本主張是：要使勞工得其勞力所含之全部⑫，換言之，節制資本就是要阻止資本家對工人剝削，避免社會大衆步入悲苦之境，所以對勞工的保障，也是節制資本重要因素。這因素也許可以透過勞工參與資本發展來解決，也就是使資本朝着社會化、勞工化的方向去

⑫ 同⑪，第二九二～二九四頁。

發展。我們可以總括來說：節制資本不只是以資本家不可壟斷爲目標，同時也以提高社會財富及資本社會化、勞工化爲目標。所以節制的意思有：一、提高財富、二、避免壟斷、三、福利工人等三項爲其具體內容。當然節制資本問題不同於土地問題。土地分配是以「耕者有其田」爲目標，使土地所有者與土地耕種者合而爲一。相反的，節制資本却不是要求資本之使用者與資本之所有者合而爲一。換言之，資本家與工人必有分工，即勞心與勞力必然分工。資本家屬勞心範圍，工人屬勞力範圍。勞心者有其報酬，而報酬則要恰如其分的符合社會福利的大原則。從此一角度看，資本家不同於地主，因他並非一定如地主般的坐享其成不可。

上述有關社會財富之分配，基於土地與資本的不同而有所不同。由於問題不同，所以解決的方案也就因此而不同。中山先生對於民生問題中財富的分配，顯然是集思廣益，逐步鑒定。他一方面考察傳統，另一方面也體察了西人之痛苦經驗。關於後者，尤見於中山先生對馬克思剩餘價值學說之批評。他指出馬克思的錯誤在於認爲：「資本家之盈餘價值是剝削工人而來」，把生產之功勞完全歸於工人，而忽略了社會其他有用分子的勞動。這裏姑且不論中山先生對馬克思剩餘價值之看法是否完善。我們至少可以發現中山先生指出一個事實，即社會是有機的多面組合，而不是單方面的生產過程。如此價值問題顯然應從全體來看。社會資本所產生的價值，應看成全體的。這就是中山先生何以強調互助合作爲社會進步之基礎，而認定階級鬥爭爲社會發展之病態。

爲了開發中國，建設現代化國家，中山先生是以強大的國家實業計劃爲基礎，而提出節制資本及土地分配的具體方案。實業計劃是建國方略之起點。前已指出：中國要從農業國家走向工業國家，從農業經濟走向工業經濟，從落後未發展國家走入已發展國家，在此發展過程中，我們顯然缺乏資本、技術、和管理人才。因之我們還是面臨如何實現現代化理想的實際問題。對於這個問題，中山先生的了解是：吾人可以利用外資來幫助國家實業之建設。我們認爲中山先生這種看法，是自十九世紀以來，中國遭受侵略後所提出的最明智之主張。這主張乃是基於民族主義、民權主義及民生主義，以不違反國家主權、國家利益爲原則所做的建議，並藉以達到民生主義建設國家之目的。這個理想之可行性有二。一是就西方來看，可利用其剩餘資本和物質來開發中國，而使自己也得利益；二是基於西方希望中國開發之善意，來幫助中國開發。中山先生的這個偉大理想雖然在當時未能實現，但就臺灣三十年來之經濟發展來看，可以說已逐步實現這個理想。這點只要反省政府制定加工出口區、吸收外資以發展科技等政策，並推行成功之實例，就可了解。

七、結論：在民權及公平基礎上解決民生問題

民生主義各方案，必須以面對社會現實爲起點，配合傳統，合理的解決問題。

關於社會的財富分配問題的解決，在中國歷史上，顯然可以找到根據，那就是「仁民愛物」精神的發揮。尚書大禹謨說：「正德、利用、厚生」，這是儒家仁政德政的思想；「德爲善政、政在養民」這是養民思想的發揮。至於土地分配問題的解決，顯然可以從孟子及歷代土地改革制

度中得到例證。但是在資本應用方面，中國歷史文獻則較少討論。顯然就必須獨創新的模式，使中國步入社會的資本化和資本的社會化的社會；並使中國享有資本發展後之現代國家的好處而無其壞處，也享有溫和社會主義國家之優點，而無其弊病。

總而言之：生活問題是多面的。要使生活問題解決，必須在社會才能分配、財富分配和權力分配三方面都達到合理性、合人性的地步。所謂合人性主要是指人生的基本需求得到滿足。人需要自由，所以自由是一個重要價值；人需要基本人權，所以基本人權是一個重要價值；人需要財富，人需要酬勞，所以財富的酬勞也都是重要的價值。所謂合理性，主要是指需求與事實結合，不講私心或利益，而以公私分明的立場來正確的考慮問題。基於這兩個原則，我們可以看出有關社會問題，在解決過程中，要兼顧歷史傳統及世界潮流，要以合人性及合理性之方法來達到目標。所以社會問題在解決過程中過於緩慢，或過於激烈都不是可取的。

在民權主義裏，我們談到三種不平等，所謂天生的不平等、社會成就發展的不平等、貧富的不平等。我們指出，社會成就發展的不平等，可以以公平的酬勞制度來解決；天生的不平等，可以以社會發展和福利制度來解決；而貧富不平等，則可以透過一般公平原則來解決。所以從以上三點來看，民生主義可說是解決生活的方案，而這方案是基於道德理想與理性思想發展出來的，所以也可以稱之爲道德性的理性方案。此項方案如果從現代哲學來看，是可以透過「公平理論」(theory of justice) 來了解及說明的。近代講「公平理論」最著名且最有影響力的是哈佛大學哲學教授約翰勞斯（John Rawls）。

約翰勞斯的「公平理論」⑬旨在說明何謂公平，以及實現公平之方法爲何。他認爲公平是一個社會理想也是一個道德理想。進一步說，公平就是正義，正義就是理性確定爲對的事。依此觀點來看，顯然酬勞不相應是不公平。不勞而獲是不公平，勞力受剝削是不公平，基本人權被剝削是不公平，甚至個人無機會發揮自己是不公平。所以就理論而言，公平就是理性的反省、是非的認識及人類之道德良知。但如何實現社會之財富分配、權力分配和才能分配呢？勞斯提出兩個基本原則：一、每個人都該享有與他人同等的最基本廣泛之自由。二、社會與經濟之不平等應以①對大家都有利的手段來完成，同時②附屬於爲大家可以平等地爭取的社會地位及職務上。換句話說：公平原則的實施以維護平等的機會、平等的權力之享受爲原則。任何不平等之存在必須基於對社會有利的考慮，也必須基於有益的社會制度之有利安排，同時也必須基於爲社會大衆所能接受的制度與機構之安排。上述最後一點可以說是吾人補充勞斯的說法。依此義，政府體制所包含任何不平等的機構以及其他社會職位之安排，如學校行政和教育對象等之安排，都是要對社會本身有利的。所以不論是動態的或靜態的社會規制，其要旨都是以有利社會爲目的。至於什麼是對社會有利，這點勞斯沒有申述。顯然，就經濟與社會的發展而言，無論是經濟利益或社會利益，

---

⑬ 參考：John Rawls, *A Theory of Justice.*

我們都可以把它擴大爲整體生活利益，甚至整體生活之進化。就此點而言，勞斯的理論是相當正確的。

如果勞斯的理論有缺點的話，其缺點就在於他的公平原則的概念基礎不夠穩固。如果就道德良知的眼光看，公平原則應是建立在道德良知之基礎上。但是道德良知不只是在確定是非，更重要是在實現至善於全體社會。換言之，道德良知的責任應擴大於對全體人類之仁愛。這點勞斯在其預設道德理論哲學中並沒有提到。可是我們當可明白其重要性。因爲所謂公平理論，不僅牽涉及人民與社會生活的福利問題，而且和行爲善惡問題有關。所以勞斯的理論一方面雖然發揮了康德責任理論的思想，另一方面與儒家哲學相較，却顯然缺乏對社會善惡價值的認識，所以無法解決善惡問題和建立善之標準。但是勞斯的理論在如何實現社會公平原則上顯然有很大的貢獻。基於對生活的整體觀，勞斯理論之重要性在指出下列兩點：一、生活的公平應以社會的福利和個別的福利爲主要考慮對象。換言之，社會公平不公平、制度公平不公平必須考慮到全民生活利益。二、在實現生活價值的過程中，確定了一個合理的優先次序，同時肯定了人性應先需求基本之人權，進而再要求社會與經濟的利益。換言之，勞斯是以權力的分配，權力的保障作爲實現進一步發展社會與經濟的基礎。

以上所舉兩點與公平原則並不一致，即此而論，勞斯的理論顯然是功利主義的公平理論，更可以說是基於道德哲學責任觀的功利主義。但是在實施過程上顯然可以發現仍有問題沒有解決，例如社會經濟不平等與公平之界限應如何確定的問題。就以土地與資本爲例，顯然有很多種分配方式符合勞斯的第二原則，卽每個方式都可能提高社會之利益，但是這樣仍可能造成道德意識之不公平。例如：如果我們發展一個企業，集中資本到壟斷一切的地步，可能對任何人都有利，但是，如此的一個壟斷却可能造成一種威脅，這究竟是不是公平呢？對於這點，勞斯並沒有很深入的檢討。所以如果批評他的思想具有很濃厚的資本主義色彩，似乎並非過甚之辭。可見對於公平與不公平的尺度問題，勞斯的理論顯然有缺失。另外對於如何從現有的不公平社會，轉化成公平之社會問題，勞斯並沒有解決。他只提到人當從抽象立場去看社會制度是否符合兩個原則。而所謂抽象立場乃是基於一個「原始的立足點」（original position）來看事情是否公平。「原始立足點」就是一個人對現狀一無所知，而來安排及實現平等及公平之立場。勞斯稱「一無所知」爲「無知的面紗」（a veil of ignorance）。也就是他希望以「無知的面紗」作爲對公平原則應用的基礎。問題是我們眞能夠戴上「無知的面紗」來假想這個世界是個平衡的世界，而予以假設的公平化嗎？顯然，這是出於對現實沒有了解而產生的逃避現實的心理態度。事實上，儒家所面臨的生活問題及中山先生所欲解決的問題，都必須面對人性眞實、社會眞實，來尋求生活的公平分配原則；也都必須就事實來認知、了解而實現公平。顯然以「無知的面紗」來抽象解決應用問題是不夠的。就這一點看來，無論是儒家思想或中山先生的民生主義，可說都具有較濃厚的實證主義和經驗主義之色彩，而可以作爲近代公平理論之參考。

最後我們總結的說，生活問題是需要從各方面思考來解決的，同時更是與社會問題及文化問題的解決密切相關的。生活本身是一個複雜現象，生活發展也是一個複雜現象。生活是多面化的：它不只包含衣、食、住、行、醫療、環境控制等等，更包含養育、保育、育樂，和文化及社會的發展各方面。至於如何去發揮和發展文化、社會及生活，以解決生活之全體問題，這是今天欲建立一個完整的生活哲學——不只是經濟哲學——所應考慮和重視的。事實上，如果我們要建立一個以民生目標爲基礎的經濟哲學，我們就要以生活全體爲根本，來建立經濟發展的模型。問題的提出和解決方法的提出，根本上是基於對生活的認識。中山先生平均地權及節制資本的方案可說參考西方近代學術及西方發展的經驗，進而就中國傳統的固有思考，而提出的創造性的方案。就此而論，民生主義顯然提供了我們結合傳統與現代的最好模型。我們可以站在中山先生思想之上，就其精神和思想方法去進一步發揮。

第五章　結論與總論：文化、社會與生活的綜合哲學

一、文化、社會與生活的整體觀

我們曾就文化、社會與生活問題作過一番反省與思考，旨在認淸這三個重要觀念及其含涉的問題，進而提出一個解決問題的方法。這三個基本概念的提出，其最終原則乃是針對個人和社會的關係發展的過程作檢討，同時也是針對傳統中國歷史文化、社會結構、政治體制、生活方式在面對西方潮流的衝擊下，所引發的問題的檢討。所以就理論而言，我們的目的是想達成一個有關文化、社會與生活之綜合哲學，藉以了解㈠、這三個概念所含涉之問題，即人類社會中，個人與社會存在發展的意義問題，及探討㈡、中國文化社會未來生存與生活問題的解決方案。

如上所述，我們的問題顯然可以分就一般意義和歷史意義來說。也就是說，我們不但要透過現代的學術思想來了解文化社會生活所面臨的問題，同時更希望了解如何從傳統中開拓出現代化

中國文化社會生活方式的問題，亦卽能了解如何建立一個現代化中國的目標。從這一眼光看來，中山先生之革命事業對現代化目標之追求，可說具有整體性的、積極性的與鍥而不捨的特徵。但是我們也可以說，中山先生對整個現代化運動所面臨之問題，也是在實踐過程中逐漸地、慢慢地體會增其深度，進而把問題一層層的解決。所以我們可以總括的說：對於文化、社會、生活等問題的探索，我們有必要找到一個基礎，以之作爲建立完整理論之根據，並逐步達成理想的目標。那麼我們要問：這個基礎是什麼呢？換言之，足以認識及解決文化、社會及生活問題的基礎究竟是什麼呢？

關於文化問題，我們已經提到它是一個民族歷史發展的問題。換言之，我們必須要自一個民族歷史發展的網脈來了解它。一個民族內在的生命與外在的表現，所有歷史成績和現有活動，都可稱之爲文化。析言之，文化除了物質文明的創建之外，也是一套思想方法，一套人生哲學與價值理想和規範。由於文化各個部分都是相互糾結關連的，所以當一個民族面臨內在危機或面臨外來危機無法適應克服時，就顯現出其文化的弱點。所以對文化之了解，顯然可就其應付內在危機和克服外來危機的能力加以衡量，同時也可就其爲何產生危機等現象加以了解。從這個角度看，我們可以說滿清末年所遭受之內憂外患，處處都顯示了中國文化的危機問題，處處都暗示了中國文化之生機問題。

中國文化之生機何在？中山先生民族主義之提出是以爭取民族獨立、建立共和政體作爲解除內外危機的一種方法和認識。此種解決文化危機問題之方式可以因角度之不同而有差異。中山先生對文化與民族危機之認識異於康、梁及傳統知識分子，他認爲中國的危機必需要以非常的智慧和非常的方法來解決，也就是要結合中國傳統與西方潮流，並要考慮個人的普遍需要及結合人羣的普遍需要來解決。我們認爲中山先生對中國文化問題的認識是高遠深入的，因爲中山先生能在世界潮流中觀察中國文化與中華民族的地位，他更能認清世界學術潮流和西方政治現狀與社會現狀。換言之，中國文化的危機問題之解決需要一個綜合的智慧，需要對人類歷史作全面的了解，同時也需要對西方思想及西方政經制度做深入的了解。透過這樣全盤的體會，中山先生指出，解決當前中國文化的困境之方法就是追求民族的獨立和建立共和的政權。至於如何使中國文化的優點能發揮出來，以解決中國現代化問題及中國與世界現實之問題，中山先生在此只提出綱領，只提到中國的道統的意義，而沒有進一步發揮。很顯然，要賦予中國文化以現代意義，以及要發揮中國文化的現代意義，以因應社會人類的需要，仍須憑藉理性的思考與經驗的反省。

至於社會問題，前文已指明，生活的發展以人類的需要爲基礎，以提高政治意識爲手段。所以，社會問題和政治問題有密不可分的關係。這是基於學理和歷史的分析所得到的結論。中國社會經此分析後，顯然需要作根本改革，才能從傳統社會的弊端中解放出來，邁入現代化社會。因此我們要發揮政治意識，以民權問題的解決與否做爲衡量社會進化的標準。

就政治意識的內涵而言，實包羅相當廣泛。中山先生考察中國社會現代化的需要，提出主權在民的觀念，還政於民的觀念，以及政權與治權分立的觀念，可說已具備現代政治意識的基本架構。我們一方面深入解析這些觀念的來龍去脈，一方面也對支持這些觀念的基本信念——自由與平等，進行一番檢討。有了以上的認識，也就對民主社會所需要的政治意識有了通盤的了解；基於此一了解，我們才能進行民權的實施與發展，以及提昇民主政治意識的工作。

再論生活問題。如果把文化視爲一個社會的歷史與思想的綜合，則不妨把社會視爲包含經濟與政治結構的現成文化；亦即把文化視爲動態的進程，社會視爲此進程中靜態的結構；生活則是在文化與社會交互影響下所呈現的行爲方式。生活就是人的世界，即人在食衣住行、養生送死等生活方式上的表現。即此而論，生活的內涵已預設文化與社會的存在。不過，我們也不妨說，透過生活的分析我們才能了解文化與社會的形態，因爲生活是以文化和社會爲內涵，即使個人生活也擺脫不了社會與文化的雙重影響。

然而，生活的層面顯然不只表現在文化的思考方式及制度規範中的行爲方式上；其實，人類求生活與發展，滿足生活的需要，以及發揮人的各種才能的活動，也都包含了個人及社會的各種有關生命、生存、生活的活動。我們曾指出一個有機體的生活觀念，即是把生活是以實現個人的生命潛力以及完成社會共同的生活理想爲終極目標的，同時也以之爲發展的原動力。換言之，生活涵蓋動靜二面。

生活問題既然貫通文化問題與社會問題，何以有必要抽離文化與社會問題而予以獨立的考察？主因在於今日已成的文化與社會，仍然不斷興起新的生活問題有待解決。由於生活本身遭遇種種自然或人爲因素造成的變動，這些因素不論是環境生態的改變，或科技的進步，人與自然的關係的改變，或人與人的關係的改變，或國與國的關係改變，文化與社會只能提供解決的基礎與參考體系，生活問題才是問題的重心，須在文化及社會的基礎上面對種種變動因素予以解決。甚至有時文化與社會問題，阻礙或限制了解決的方法，於是解決之道不但須解決生活問題，也須連帶解決社會與文化問題。

中山先生的民生主義是以建立完美的社會爲目標。此完美社會的實現，必須以民權主義的充分實行爲前提；而民權主義的充分實行又必須有穩固眞實的民族文化基礎。所以，民生主義的實行取決於民族與民權主義的徹底實行。這正好相應於「文化、社會與生活是相互關連的整體」的說法，這個整體就是完整的個人，也是完整的社會。

二、三民主義：結合現代與傳統的理性思考

綜觀中山先生的三民主義，我們可歸結出下列四大重要結論：

㈠三民主義是正視文化現實、社會現實及生活現實後得到的正確認識，以此認識爲背景提出問題，也提出解決問題的方法。換言之，三民主義是基於理性認識與歷史體驗所發展，用以對社會問題、文化問題、生活問題加以研究的問題學與方法論。

㈡三民主義所表現的識見，不是停留在問題現象的浮面或片面，而是遍及問題的整體與潛伏面。這需要根據深厚的經驗所培養成的先知先覺的能力。中山先生洞悉資本主義的弊病，而先主張發達國家資本並節制私人資本的辦法，卽爲最佳例證。

㈢三民主義做爲中國現代化方案，實有其基本的哲學信念。這個信念就是人類進化觀。中山先生認爲進化可分爲物質進化、物種進化、人類進化的階段。關於物質與物種的進化，可說是以達爾文的理論爲準，人類進化則視爲從洪荒時代、神權時代、君權時代到民權時代的過程。此見解突破了傳統一治一亂的歷史觀，因而不陷入傳統社會與政治的病態循環中，而能另闢坦途，提供順應進化潮流的解決之道。

㈣除了前項順應世界進化的潮流外，三民主義的另一項標準就是合乎人羣的需要。如此才能使三民主義永遠有普遍性的人性的基礎。

有關中山先生的哲學性思考，都可以說是基於問題學與方法論，以及根據解決問題的方法的標準而來。對於傳統思想，中山先生透過對問題的思考與西洋哲學的探討，再予以肯定、批評或改進。舉例來說，有關傳統的家族觀念，中山先生着眼於民族獨立的需要，而主張予以擴充。對於傳統的知易行難的觀念，他則毫不保留地予以批判，而以新角度考察知行問題。傳統的知易行難說，雖有其歷史意義，但知難行易說顯然更具現代意義。就事實而論，人類是先會行而後知，也就是中山先生所謂「以行而求知，因知以進行」的意思❶。中山先生又針對傳統不求深知、不求甚解的心態加以批評，而強調知難，也是強調如何眞確地認知。尤其重要的是如何以客觀態度來認識經驗世界，而跳脫傳統固有的模式。這是「知難」對國人最富啓發性的解釋。當然提倡「行易」，也有鼓勵力行實踐的作用，因此具有規範的意義。「行易」並不否認實行方案或推行理想時會遭遇困難；但重要的是，若以爲「行難」而畏懼實行，則困難會更嚴重而永不得解決；一旦眞正着手實行，則再大的困難都可在實行的過程中謀得解決之道。「行易」的本意在促人力行，決非教人以輕率簡慢的態度來做事，這是值得留意的重點。

至於其他傳統觀念，如大學所倡：「生財有大道，生之者衆，食之者寡。」中山先生基於當代生產與消費的原理與事實提出批駁，而另立新義。對於傳統道德，尤其是儒家的仁義道德，中山先生引以爲立國之一貫道理。在手著本三民主義中，中山先生曾表示，人類不只有物質生活，而且有精神生活，因而贊同孔子「君子謀道不謀食，憂道不憂貧」的理想。對儒家天下爲公的大同思想也有所發揮。

由此可見，中山先生是就人類理想的需要與歷史的潮流來肯定中國文化，因而建立一個如何結合西方與中國的模型，以及建立一個如何結合傳統與現代的方法。至於重視自然科學，力主中國進入器械文明的工業社會，以及強調民權，從而建立法治的共和政體，都是接引西方文化的優點而融滙出來的新方案。

❶ 參見：國父全集第一冊：建國方略：孫文學說，第四一九～四七四頁。

中山先生的太極電子說，也可做爲他融合古今中外學說的佐證。所謂「太極動而生電子，電子凝而成元素，元素合而成物質，物質聚而成地球」❷，基本上是對近代科學自然主義在宇宙觀方面的發揮，同時把傳統的太極賦予了科學的意義。中山先生又對人的精神現象有所發揮。他認爲人類精神現象的基礎是生元：「生元之爲物也，乃有知覺靈明者也，乃有動作思維者也，乃有主意計劃者也。」❸生元的說法，顯然是對生命的原子的認識，也可說是對意識的原子的認識。我們無法據此見解來判斷中山先生持唯心或唯物主義，但不妨視其爲着重心靈發展潛力的生命哲學。又由於中山先生主張精神與物質互補互成，也可以心物合一論視之❹。中山先生是就人類的精神與物質相互爲用而言，因此若言心物合一，也應只就人類而言。這裏除了透顯出西方自然科學與自然哲學的影響外，還流露出中國哲學的基本取向。從易經，到董仲舒，以至宋明儒學，大致都持精神與物質相互爲用而孕育生命的觀點：易繫辭：「一陰一陽之謂道。」董仲舒言天地之氣合而爲一，分爲陰陽；宋明儒學有理與氣相輔相成、合而爲一的思想。這些觀點都有相應的地方。

由此觀之，就哲學的思考與反省而言，中山先生是採取新的語言及新的概念來說明傳統思

---

❷ 同❶，第四五五頁。
❸ 同❶，第四二六頁。
❹ 參見：國父全集：「演講：軍人精神教育」，第四七九～四八〇頁。

想。因此他是用「歐洲之學說事蹟」來「因襲吾國固有之思想」，也是用「吾國固有之思想」來「規撫歐洲之學說事蹟」，因而不但可以解決中國當前的問題，而且可進而解決人類面臨的問題。

三、對現代化堅持理性的思考

對於中山先生現代化的建國方案和思考方法與學術有了以上的認識，我們再看三民主義及其所包含的問題，就不會只了解三民主義字面呈現的意義，或只見其明說的架構。此時我們會留心如何確實把握三民主義原始創立的精神和意義，如何活用三民主義的架構和思想，尤其是如何深入體驗中山先生創立三民主義所包含的問題學與方法的論思想過程。如此我們才能對中山先生的思想（尤其是三民主義）進行進一步的運用與發揮。這也是三民主義學術化最重要的步驟。

再者，由於三民主義必須以人類進化觀爲基礎，所以不論是文化、社會與生活問題，都不應僵化成不可更易的觀念。我們必須顧及其中的歷史線索與現狀，以認眞求知的態度了解問題，以理性反省的方式解決問題；此外，大智慧與大勇氣，以及一顆仁愛之心，都是突破傳統擬定方案所不可或缺。

因此，從三民主義發展的過程來看，若想選擇一個建國方略、現代化方略的基本立場，則傳統主義及本位文化主義都不合格，全盤西化論也不足取。這是因爲他們都不是針對問題提出方案，而是先服膺某種立場，也不對解決問題的學術方法加以反省。於是不論是全盤西化論或是本位文化論，在方法上都畫地自限。三民主義在形成的過程中能夠突破傳統的限制，認清問題而求得答案，如是的程序也可用在三民主義本身的研究上。此卽意含把三民主義當做一個固著的歷史中的學說來研究是不夠的。我們必須結合更多新的學術，對傳統做更多的思考與反省，對現時的文化、社會、生活問題，透過歷史潮流與世界現勢進行一正確且親切的把握。如此才眞正符合三民主義發展的精神與其方法論的精神。

此時此地研究三民主義的最大癥結是把三民主義視爲一成不變的教條，並視其價值爲一個政治的意識形態所具有的價值。我們不可抹煞此一價值，但我們必須嚴格區分做爲意識形態的三民主義，以及做爲一門學術思想的三民主義。三民主義是一個意識形態，具有規範性；三民主義也是一個有淵源與方法基礎的學術。因此它必須在開放的學術研討與反省中謀求發展。也因此，基於三民主義發展過程的啓示，如何進一步了解西方的學術，進一步了解中國的學術，更進一步了解現實的文化、社會、生活問題，來結合西方當代的學術和中國傳統的學術以解決問題，才是三民主義眞精神之表現，才是傳統與現代、中國與西方結合的理性方式。三民主義啓發了這項結合的理性方式，這也是三民主義做爲一個現代化方案的重要貢獻。

第六章 建立中國管理哲學

分辨技術與知識

彼德・杜魯克討論管理研究的性質時，指出管理研究是有潛力發展爲一門科學，成爲管理者的知識與紀律的來源。但在另一方面，他又指出管理學也可能只成爲專業者的技術囊，爲技術性的特殊需要提供工具而已。於是，管理學被認爲只是有關貨物訂存、檢驗、保養、價格、財務、市場、銷售的管理技術。管理學甚至也被認爲只是一套數量化的方法，用來設計或控制成果，提高效率。然而，管理技術與數量化方法並非管理學之主旨所在，因而並非管理科學。惟當吾人理解管理學之主旨何在，運用科學方法以闡明此一主旨，方得稱爲管理科學。

管理學的主旨究竟何在?杜魯克指出：該主旨在研究如何組合人與事爲相互依存的整體系統以達致企業目標。值得吾人注意及深省的是：杜魯克把管理學看成整體系統之學、全體與部分、部分與部分相互配合之學，以及運用決策達致目標之學。因之，管理學不僅是工商企業的發展學，也是政府機構的行政學，更是現代人生活的組織學。簡言之，管理科學就是用科學方法研究如何做到系統化、整體化、調配化、決策化及效績化的學問。在此理解下，管理活動就是從事系統策劃、整體調配以及效績決策等的心智活動與具體行為。這些活動與行為顯然是任何現代專業所需要的，也是現代人處理社會生活所必需的。因之，作為現代專業者及現代人又怎能漠視管理科學這一門學問？

上舉管理活動自然仍然包含及融合了專業技術的應用。但這些活動本身並不等於技術，却自立為一套高層次的動態知識。因其為知識，故有原則可循；因其為動態，故能應用於實際。管理也就可說是智慧的運用知識，藉以創造整體的價值境界。就企業管理與公共行政而言，管理所創造的整體價值境界就是績效與成果。顯然，每一行業都有每一行業的績效及成果目標，而此等目標也有層級高下的區別。然而任何行業的終極目標，除充分發揮其個別的功能外，也是與促進社會進步、提高社會生活品質此一績效及成果目標分不開的。因之，也就與不同層次的整體設計、系統策劃、關係調配、目標建立、績效決策等管理活動分不開的。這些也就是管理科學研究的中心課題。

杜魯克對管理技術與管理知識的辨別顯然源自亞里斯多德對「技術」（techne）與「知識」（episteme）的辨別。技術是一套可以訓練採行的運作程序，具備了特殊的目標性與工具性。知識則是一組界定及描述眞實的原理原則，基於理性的認知與經驗的證驗，具備了觀念的概括性與系統性。技術與知識的不同乃在於：技術或技巧必須經過重覆的實習訓練才能獲得，也需要不斷的應用才能臻於熟練。知識則需要心智的理解，不但能夠實事求是，而且能夠洞達事實的所以然。再者，技術已包含了行爲指令，知識則需要透過意志的決定以達於行。此處吾人要強調的是：無論是手工技藝或科學技術（科技），都預設了知識爲其發展的條件。更有進者，無論如何複雜的技術，也無論其需要多少心智靈巧來駕御、掌握，均能在一定條件下，邏輯地解析爲一系列的運作步驟與程序，也就是在原則上，使之運作程序化與機械自動化。人類科技的漸趨自動化與程式化是有目共睹的事實。電腦軟體的大量設計就是科技程式化與自動化的表徵。吾人如何基於知識發展科技，如何基於科技發展自動運作系統，乃是吾人當前發展知識、應用知識的兩大方向。

技術是知識應用於實際問題所產生的解決之道。知識愈發達，技術則愈精密。人類也愈能改變生活環境，增加行爲能力。但人類却決不可在開拓知識、發展技術的過程中，變成科技的奴隸，喪失生命的自主和諧與人性的道德自由。因之如何把握人類精神的自主權以及價值的抉擇力，創造人類精神的福祉，乃是人類追求知識與技術的最終目的，也就是倡導現代管理科學的根本涵義。

管理與知識決策化

知識與管理的密切關係更可見之知識對社會的影響。知識透過理性的說服力，以及透過技術的應用性，不但促進了社會變遷，而且也把社會逐漸轉化為知識創造的成果。現代人的思想、生活與行為也愈來愈受知識的刺激，突破傳統價值，走向多元型態。這自然也是社會知識化、知識社會化雙重影響下的結果。更重要的是：知識解決了問題，改變了現狀，但現狀又出現新的問題，因之必須再度求知。如何掌握知識，以掌握現狀，解決問題，就是對管理的第一度自覺；再進而掌握現狀，以開拓知識，解決問題，乃是管理的第二度自覺。於是，管理科學乃構成知識與實際交相為用的活動，是與現代社會重視知識、依賴知識密切相關的。因之，吾人也可視現代管理意識為社會知識化與知識社會化的結晶。管理就是應用知識於社會，以滿足社會對知識秩序的需要，因而更理性的改變社會。

現代社會實可描述為一知識性的生態體系。不但社會中各專業都以知識作基礎，社會中的各專業也都以知識為溝通媒體。知識的通道也就是社會主要的通道。在此一背景下，現代企業也成為此一知識性生態系統中履行供應、輸導與消費、發展等功能的重要結構。若不能就此觀點發展企業，企業也永無繁榮的可能。在此一觀點下，現代企業必須對外順應世界潮流，透過知識，掌握眞實世界的多面性與變化性，以求深入發展；對內却要相應時空條件，透過知識，力求革新自強，立於不敗之地。管理也可說為知識策略性的運用了。

具體言之，管理對知識策略性的運用是掌握現在以掌握未來；相應未來，把現在做最好的運用，也相應現在，把未來做最好的運用；也是掌握全體以掌握部分，相應部分，把全體做最好的運用，也相應全體，把部分做最好的運用。更簡言之，管理也就是發揮羣體與個體的知識、意志、勇氣與想像力，開闢社會進步之道，提高社會生活的品質。在此了解下，管理科學是鼓勵冒險犯難的精神的，此卽是：在知識的基礎上作合理的冒險；勤於籌劃，勇於決策，更敢於承擔責任。

合理的冒險就是結合知識、意志、勇氣與想像力的冒險。任何創新與應變的決策及其承擔都是合理的冒險，只要它是以知識意志勇氣與想像力爲起點的。透過知識、意志、勇氣及想像力來掌握現在、開拓未來也就是管理的最高境界。成功的管理以成功的決策爲核心，而成功的決策則有賴於掌握現在以掌握未來、掌握全體以掌握部分的知識見地、意志勇氣以及創新應變的思想透視力。人類已創造了世界的現狀，並已投身在瞬息萬變的事態中。知識不應是靜態的概念，而應是創發的活動；不應是孤立的觀點，而應是整體的判斷，不應是機械的部分，而應是活潑的全體。這些都是現代知識性生態體系的社會所決定的知識特性。管理科學作爲管理的現代知識學就必須接受此一知識觀念，並努力求知於社會的生態體系之中。

用知識來掌握現在以開拓未來，吾人可命之爲「知識的決策化」。「知識的決策化」是非常重要的概念：它不止於「決策的知識化」，因它指的是利用知識來做決策，却不僅僅利用知識來做決策。在「知識決策化」過程中，決策者的綜合判斷及思想透視力也與知識一般重要。知識不應機械的應用於具體的情況，而應配合對具體實況的理解來達到決策的目的。「知識決策化」乃是把知識應用到恰到好處，用知識來配合目標，發展方法，健全決策。「知識的決策化」因而包含了決策的知識化，而不限於「決策的知識化」。就以決策應用的時空範圍爲例：短程、中程、及長程計劃決策所需要掌握的知識因素並非一樣；不但所需要掌握的知識因素不一樣，所需要掌握的價值觀、目標感、思想組合力及判斷力自然也不一樣。決策的成功與否，往往更繫於對時、空變化度的確切掌握。

「知識決策化」兼重知識與決策。決策無知識則陷於盲目判斷；知識無決策則陷於呆滯架空。知識是知，決策是行。行有得於知，方是眞行。知有得於行，方是眞知。這也是知行合一的新義。決策的行是把位能化爲動能，把現在推向未來，也就是把知識變成能力。因之，也就導向了「知識技術化」的考慮。

「知識的技術化」是管理科學的另一重要部門。它包含了兩個重要步驟：一是找出知識應用的邊際條件；二是在此等邊際條件下把知識的原則、原理分析、分解爲具體的運作步驟和程序。在一定的邊際條件下，對知識原理的運作步驟的遵循就是「技術化」。「知識的技術化」是以達到製造工業成品爲目的。大規模的運用知識技術以達到大規模的生產目標就是工業。工業及工業化社會的發展乃是知識技術化的成果。美國科學管理倡導者泰勒所稱「科學管理」主要指工業生產過程中知識技術化的活動。但吾人要指出的是：「科學管理」應同時兼含「知識技術化」及「知識決策化」兩方面。「知識技術化」實爲「知識決策化」的後果：沒有對知識策略性的運用，則科學技術何由發展？歐美工業社會的建立及科技的昌明莫不種因於此。故在管理科學中不可不同時重視「知識決策化」與「知識技術化」兩者相互依持的關係。

知識除有別於技術外，也有別於「資訊」(information)。此一區別在管理科學的實用上十分重要：知識具備普遍的律則性，透過概念系統來顯示眞實世界的結構。資訊則是一套符號系統，在約定俗成的規例下，紀錄消息，傳遞資料。自然，吾人可以把律則性的科學知識加以資訊化。但資訊化的科學知識只是資料紀錄，却並無認知眞實的意義。故而一本物理學教科書並不等於物理學。唯有透過再認知的功夫，資訊才能還原爲知識。

在現代電腦的設計下，吾人可以把知識大量的資訊化，也能詳盡的紀錄具體事例，並把此項紀錄條陳或圖示在螢光幕上。當然，吾人也能把抽象的理論與推理應用在電腦上，藉以抽取結論、預測未來。因之，現代社會的管理者必須面對豐富精確的資訊資料，隨時做出判斷、選擇與決定。故管理科學決策的重要性也因資料工業的繁榮而更顯重要。

總結以上言之，現代管理科學繫之於知識三方面的運用：「知識決策化」、「知識技術化」與「知識資訊化」。「知識決策化」是三者的最初條件與最終目的，因之也就是現代科學管理的重心所在。

從管理科學到管理哲學

前已提及，決策作業除知識的吸取外，尙要依靠整體的思想過程以把握眞實。眞實具備錯綜複雜的結構，但却爲一變動不居的過程。若要把握此一動靜兼具的眞實整體，吾人就需要整體的思考問題。決策本質上是意志活動，是把現有的資源作明日的投資，以期基於今日的努力獲取明日的成就。此項活動顯然帶有冒險的成分。透視明日更需要遠見及睿智。唯有整體的思考才能提供遠見、睿智及合理的冒險精神；也唯有整體的思考問題才能達致下列規範決策活動的理想條件：

㈠提供正確判斷的一般標準，而不局限於一科一門專業知識的平面。
㈡洞悉知識應用的邊際條件與運作問題，作出適當的評價與抉擇。
㈢掌握觀點與經驗，能對知識作方法上的反省，促進知識的成長。
㈣整合不同範圍的知識，開拓思想的新方向與新境界。
㈤認識不同發展的途徑以及不同發展的模型，確定發展的有效路向，並掌握發展的動力。
㈥察微知幾，深入管理系統各部門的關連，就整體平衡的發展，予以平衡的運用。
㈦提高概念層次，創造有效環境，解決難題，融化衝突，化解對立、緊張爲和諧、協調。
㈧革新自強，吸取新經驗，調和舊經驗，認知新事例，發現新意義，樹立新觀念典範，藉以突破現狀，創造新境。

(九)理解人性，配合時空因素，確定相應眞實的價值目標，並以擇善固執的精神，努力以赴。

(十)分辨常則與變例，把握具體事項與抽象理念有效的結合。經權並用，不但可以守常，也能夠應變。

以上所舉十項規範決策活動的理想條件也可說爲對管理的整體思考的規範，更可說爲一個理想的現代行政者或管理者所應具備的心智能力。時代愈進步，科技愈發達，此等規範條件與心智能力也愈受重視。現代社會成爲上述知識性的生態體系，使社會中每一分子的判斷與行爲都具有影響社會安危的潛力。因之，社會中任何一位決策者，不但要彼此負責，且要對全社會負責，因之，也都應具備整體思考的心智能力，能夠在適當的時機作出適當的價值判斷與採行適當的行爲方式，縱然不能裨益社會，至少避免危害社會。

更進而言之，現代科技增進了人與人間的關連，也加強了決策者對他人與社會的影響力，因而自然的賦予了任何有意識的決策行爲，以深廣的道德意義。故社會大衆對決策者所需求的道德嚴謹度及思考嚴密性也愈益加強。決策者需要高度的智能來開拓有效的活動境界，也需要充分的自律意志來防止危害公益的行爲。這種兩極的要求正是現代人必須面臨的社會立法，更是一個管理決策者所必須接受的規範。沒有深厚的整體思想能力是無以爲功的。

以上所述的整體思想的需求就是管理科學應該提升爲管理哲學的理由。管理科學與管理哲學的差異乃在：前者着重管理知識應用於管理實務或僅關注於管理知識的運用化與技術化，後者則強調發展整體思想以充實管理知識，並促使知識決策化的實現。無疑的，科學研究是管理知識的來源，但科學研究的進步則有賴於綜合的、整體的、創新的思考能力。把管理科學提升到管理哲學，因之乃是就科學知識的再發展立言，亦卽就管理科學的理論性與應用性立言。管理哲學包含了管理科學而爲管理科學的理論基礎與應用基礎。如果沒有管理哲學，或管理科學不能發展爲管理哲學，管理實際所需要的靈活性與變通性也就蕩然無存了。上述十項決策活動的規範也就喪失其意義了。

今日吾人處在科技日升的時代，社會及經濟的發展愈來愈依賴管理知識的進步。管理知識的進步不僅是「知識技術化」問題，也不僅是「知識決策化」問題，抑且是「知識整體化」、「思想整體化」問題。故管理的研究應在管理技術與管理科學的層面上更上一層樓，盡力發展整體化的管理哲學思想及其應用效能，藉以創造現代社會發展及現代經濟發展的新境界。

管理科學導向知識管理。管理哲學導向知識整合的管理，也就是導向廣泛的整體思想的應用：同時在理性、意志、勇氣、睿智及理想價值的基礎上開拓管理的智慧。

建立中國管理哲學

中國哲學包含了豐富的人生與社會智慧。基於其對整體思想的重視與發揮，顯然已爲管理科學提供一個哲學的基礎，把重視技術的科學管理推向靈活的整體思想管理。有關此一認識，吾人可以提出下列重要的說明：

㈠中國哲學重視整體觀念。有關整體觀念，中國哲學包含了最豐富的資料。無論個人、家庭、社會及國家，均可自整體觀念來理解。個人爲家庭及社會中的個人。家庭、社會及國家均爲天地宇宙中的結構與程序。就是天地宇宙也是一個整體，不可能單獨的談天說地，離析宇宙。中國哲學中的整體觀念如太極、太和、天道、性命等，一則顯示爲一整體的結構，另則顯示爲一整體的過程。在整體中，一切事象息息相關，形成生態體系。整體最爲眞實，也最具有發展潛力，如人之整體具備了進德修業完成人格的能力。

㈡中國哲學強調整體中個體間相互依存的關係。凡物皆由相互依存的關係所組成。人事也是一樣。表現這種相互依存關係的是陰陽二氣統合一體的觀念。陰陽二氣，相輔相成，相得益彰。此一相依互存變通統合的關係也是其他相應的觀念如剛柔、動靜、虛實、有無等的思想模型。整體與部分的關係，以及整體中部分間的關係也莫不可依此一思想模型來理解、掌握。由於陰陽關係的相對性、多重性與相互轉化性，任何整體事物與事件均可析爲重重相疊、層層蘊含的依存關係。透過此一思考方式及此一思想模型的運用，吾人才能深入理解事物變化的契機與道理。

㈢事物相互依存的關係，因平衡安穩而有和諧，也因失衡不安而生衝突。整體的和諧帶來生生不已的創造力，而整體的衝突則帶來破壞與毁滅。但宇宙整體中的生滅成毁現象却必須假設終極的整體和諧性方有意義。人爲宇宙之一部，自然具有對和諧的需求。事實上，人格的發育完成也莫不以和諧爲理想。儒家強調發展道德人格，就是發展人性的和諧性與整合力以成就最大的整體感。儒家所謂中道並非折中之道，而是不偏不倚、體現及保持平衡及和諧的原則。沒有平衡及和諧等觀念，所謂中道也就流入折中妥協了。

㈣中國哲學重視「合一」「合德」「無礙」「圓融」等理念。這些觀念不但基於對宇宙事物的認知，也基於對實際人生的體驗。表現這些理念的是「天一合一」「天人合德」「知行合一」「理事無礙」「情境圓融」等等命題。它們闡述了主體與客體、天道與人性、心性與道理、知識與行爲等等整體的及動態的關係。它們可以透過反省的心智予以理解，也可以透過篤誠的修養予以實踐。此一理解與實踐實已包含了「知行合一」的要求：理解需要實踐，實踐需要理解。這也說明了中國哲學中宇宙本體是與人生實際相互界定的。

表現「合一」理念的另一要例是：經權互通。經是常道，權是變道。但經中有權，權不變經，因爲在宇宙變化現象中，變中有不變之道，不變之道却又是變動不居的。基於此一了解，變通、變易、變化、變革等觀念也都具備了宇宙論及實踐論的三重「合一」意義，理解中變與常的合一，實踐中變與常的合一，以及理解與實踐的相合爲一。

値得指出的是：這些重要的「合一」理念，以及上述整體、相互依存、和諧性等觀念莫不包含在中國哲學中的易經哲學之中。上舉各命題也都可以看做易經整體思想的發揮。整體思想在中國哲學中的中心地位也於此可見。

㈤中國哲學中「有」與「無」、宇宙及本體的觀念，永遠與具體的人生實際密切結合。所謂「道也者，不可須臾離也。可離非道也。」形而上的道與形而下的器相即互與，而不可判爲二橛。這種普遍原理與特殊事物結合的關係說明了「知行合一」作爲行爲要求的理由。知與行在概念上可以析而爲二，但在實際生活中却必須合而爲一。不但知在觀念上必須含攝行，行在意念上必須含攝知，眞知眞行必須結合一體方才相互完成。儒家對此最爲重視。故儒家不輕言知，言於知就必須篤於行。

「知行合一」的關係若用於現代管理科學，其意義乃十分重大：管理決策不僅是知的作用，也是行的作用。如果沒有行的承擔，所謂決策也只是紙上談兵而已，因而缺乏意志的執行力。如果沒有知的指引，所謂決策也就變成瞎子摸象，因而缺乏理知的確定性了。杜魯克分析管理決策因素卽是就「知言合一」的精神立言的。

㈥中國哲學中所包含的豐富的哲學理念與哲學命題具備了極寬廣的說明性與極深刻的表達力。由於此種說明性與表達力，這些理念及命題莫不可用之於今日的個人與社會，也莫不可引伸爲科學研究、社會組織、經濟發展、企業管理、公共行政等活動的理解參考系統，從而令吾人更能掌握現實，開拓未來。易經中生生不已的本體觀以及「與時偕極」的時中變通觀念，不僅是吾人所以進德修業的立身之道，也是開物成務、整合知識、創新方法、貫澈始終的管理原理。若將杜魯克論管理科學及決策化過程之灼見與之相較，吾人不難發現兩者在思想上實不謀而合。

綜合以上六項論點：以中國哲學爲管理科學的哲學基礎，並從而建立及發展中國管理哲學，既合乎文化傳統自然的需要，又合乎管理思想發展的趨勢。今日管理決策所需要的整體性、依存性、調和性、創新性、變通性與實踐性也都可以據此發展開來。管理之學不但是技術與知識的領域，也將是智慧的園地了。

中國管理哲學是依據中國哲學理念發展出來的管理哲學。但它並不意味與管理科學或科學管理有任何衝突。就實言之，如無科學管理，中國哲學在管理上的應用無以彰顯，正如如無管理科學，管理哲學的需要也無以彰顯一樣。但中國管理哲學却能補足管理科學之所短，也能補足科學管理之所缺。科學重部分解析，中國哲學重整體綜合，科學重客觀知識，中國哲學重主體智慧。科學重主客分明，中國哲學重主客合一。科學重羣體的實證，中國哲學重個人的踐行。科學與中國哲學兩者在方法上及層次上的配合使用，是現代管理研究所需要的。自此一意義觀之，科學管理與管理科學也正好補足了中國管理哲學之所短與所缺。事實上，科學管理與管理科學也正是發展中國管理哲學的條件。

中國哲學能夠應用於管理問題，並爲現代管理科學所需要，一則顯示了管理問題對發展中國管理哲學的重要性，另則也顯示了中國哲學內在的活力以及對現代社會的適應力與應用性。更進一層言之，中國管理哲學的發展，不但顯示了中國哲學對管理科學及管理問題的現代貢獻，也爲中國哲學的內在生命提供了一個發展的良機。中國哲學必須具體落實才能進一步發揚光大。所謂發揚光大就是中國哲學的現代化與世界化。中國管理哲學的建立可說是中國哲學落實及現代化的一個重要層面及環節。如何再進而使之世界化，是值得中國哲學家及中國管理學者共同深思的。

中國管理哲學的文化意義

建立中國管理哲學除滿足管理科學的基礎需要外，還具有一項歷史文化的深厚含義。此即是：中國管理哲學爲科學管理的中國化提供了一條道路。現代中國管理是因應民主法治社會的需要以及工商業的繁榮而興起的。因之，除發揮中國哲學在管理方面的精義外，它必須包含科學的理性，兼容科學的技術與知識。換言之，現代中國管理必須努力把傳統的哲學智慧與現代的管理知識與技術結合起來。此即爲中國管理哲學之精神與理想所在。

目前臺灣的管理實況中，問題叢生，也都是源於未能努力於傳統的哲學智慧與現代的管理知識與技術的結合所致。這也反映了知與行、理論與實際大幅脫節。故吾人倡導中國管理哲學，不但要爲科學管理及管理科學求進一步的發展，也要爲中國當前的管理問題提出傳統與現代相互結合之道。唯有對此一結合之道產生理解與共識，管理的中國化及科學化才能同時順利進行，管理的諸多問題也才能迎刃而解。

杜魯克在一九七一年分析「美國能從日本管理學習到什麼？」問題時，特別舉出日本管理的成功三秘訣：㈠能作有效決策；㈡能調和勞工保障與生產效能的需要；㈢能結合經驗與活力以發展及教育年輕一代的管理人才。如果吾人細察杜氏的分析，即不難發現日本管理之長實基於：㈠知行合一的決策；㈡變與不變的調和；㈢新陳代謝的運轉。此三項原則均爲日本管理者透過制度化與運作化施行無阻，且能予以恰宜配合使用。三者都包含了中國哲學的精華，自然也發揮了中國哲學中「惟精惟一」「擇善固執」的精神。杜氏肯定日本管理的成就，直接的表彰了日本管理的特色，並與美國的科學管理相互比照，但也間接的提示了中國管理哲學的有效性與創造力。中國管理哲學的重要性也就在此獲得了一個重要的實證。

第七章　論工業化與倫理化的雙管齊下

——為現代化倫理建設進言

近世西方在希臘羅馬文化的影響下，發展了冒險犯難的探索精神，也開拓了客觀求知的理性方法。基督教神學更帶給西方人以救人淑世的宗教熱誠。三者結合遂導致西方科技與工業化社會的形成。故西方科技與工業化社會是在一定的文化環境與倫理意識下培育出來的，其形成決非歷史上的偶然。若吾人把倫理定義爲規範社會行爲的價值意識與確定社會秩序的價值原則，則科技作爲客觀知識與科學技能的追求，工業作爲運用科技、製造成品以滿足社會需求的生產方式，顯然都有其相應的倫理條件。毋容爭辯的是，此等相應的倫理條件包含了對理性知識價值的重視及對自由意志與獨立思考價值的肯定。因而西方科技與工業化的發展也往往以實現自我的創造力與滿足權力意志的征服慾爲主要前提。

與西方倫理意識相較，中國傳統儒家的倫理是以家族爲基礎，建立人際社會和諧爲其中心旨趣的。在此一旨趣下，傳統知識分子着重人格的修養與完成，把精力投向道德的實踐與相應的政治地位的獲取，因而對獨立於人事的純理性與純經驗的格物致知缺乏生動的興趣與深刻的動機。傳統知識分子更把「開物成務」、「利用厚生」看做當道者的事功，而非一般個人的責任，故而「不在其位，不謀其事」。科技與工業之未能充足發展，成爲中國傳統文化的主流，顯受此一心態影響所致。但自廿世紀以降，西學東漸，科學新知啓發了新人生觀、新宇宙觀，當道者亦漸能深切體會科技與工業化對國家富強與民生經濟的重要性，致力科技與工業的發展已非選擇不選擇的問題，而爲生存競爭所必需。在此項現代意識覺醒下，求變求新、發奮圖強不但爲形勢使然，也可認爲是儒家哲學內在的「日新又新」精神的復活。事實上，儒家思想中，不但春秋公羊傳含有進化革新的觀念，易經革卦象傳更明言：「天地革而四時成。湯武革命，順乎天而應乎人。」中山先生倡導革命卽本此義。吾人今日提倡科技，努力於工業化自然是順乎天而應乎人，旣合乎理性又合乎時需的大業，也是實現民生主義的一條必經之路。

近代東方國家的工業化以日本肇其端。第二次大戰以後，東亞諸地區包括新加坡、香港、臺灣、韓國等的現代化與經濟發展的過程就是逐步工業化，並利用工業化，逐步革新社會結構的過程。推動此一過程的力量來自開明的政權與進取的知識分子。在一定程度的民主政治基礎上，更引發了自由經濟、私有大企業的發展，促進了更多社會大衆的參與。自此一意義觀之，工業化並非單純的由於科技的引入，實更基於社會意識相應的價值認知。其成功的程度因而有賴於此項認知的普遍性與正確性。此項認知顯然具備了倫理價值的含義。

若就倫理的意義進一步發揮，吾人可指出，作爲生活秩序與價值行爲的規範，倫理已內含於生命與生活之中，而爲維持生命與生活平衡、和諧、完整與創造力的原則、道理。質言之，倫理卽人生與社會存在與延續的邏輯。生命與生活兼含個體及羣體。故倫理內含於個人而爲個人生命的倫理，內含於羣體而爲羣體生活的倫理。個人爲一有機體的整體，其人格必須在羣體生活中逐漸發展完成，故個人生命已指向羣體生活，正如羣體生活已包含個人生命。倫理化卽爲個人生命與羣體生活相互實現其內在律則性的一個過程，亦卽人之發育爲人、社會之成就爲社會的過程。在此一意義下，中文「倫理」一詞所包含的意義遠較希臘文“ethos”或拉丁文“moralis”所包含的意義爲深。“ethos”一詞僅指個人的性格或羣體生活的氣質而言，而“moralis”一詞則僅指羣體生活的習俗慣例而言。中文「倫理」一詞已自個人生命的氣質與羣體生活的習俗透露出對內在於生命與生活的秩序的覺醒。中國哲學中「理」的觀念的發展卽已顯示了對生命價值的自覺與對生活秩序的肯定，故有人必有倫，有倫必有理，「倫理」卽人與人間內在於人的理。理顯於倫卽爲「倫理」。同理，有人必有道，有道必有德，「道德」卽人性中顯露道的德。德得於道卽爲「道德」。「倫理」與「道德」在意義上原爲一致。

由上觀之，吾人所謂倫理化應包含了四個連續一貫的程序：生命自然顯現爲一有機組合的關係和相互依存的秩序，此爲生命倫理。對此有機的組合關係（和諧性）與相互依存的秩序（整體性），加以理性的體認以求人格的發展與完成，是爲個人生命的倫理，亦卽人格倫理。再進而擴大個人及於他人及羣體以求實現更普遍的和諧與完整，是為羣體生活的倫理，亦卽家庭倫理、社區倫理、社會倫理。再推廣到羣體之和諧及完整於天地萬物，則為宇宙倫理。此四項倫理化的程序早已潛藏於個體生命萌芽之初。因為沒有宇宙大環境與地球小環境的協調和諧，生命的組織與秩序何由出現。故生命組織與秩序的出現，卽已預設了一宇宙與自然和諧的狀態。生命包含秩序並追求擴大秩序以實現個人及羣體的完美，此乃是生命自然的傾向。所謂實現卽實踐體驗與理知省察之意。實踐體驗經理知省察以求完整穩定，理知省察經實踐體驗以求擴大秩序。此一相互連鎖、彼此推進的知行關係，其最後目標指向理性與行為的合一，生命與秩序的合一，個體與羣體的合一，人生與宇宙的合一。這也就是儒家思想中「天人合一」的意思所在。「天人合一」可看做一過程。此過程卽生命整體化、生活秩序化的過程，亦卽生命與生活倫理化的過程。

自儒家哲學觀之，內在於個人生命的倫理為仁。仁民愛物是擴大自我實現生命的過程。仁卽生命，卽生命的創造力與親和力。因仁的推廣，個人生命參與了羣體生活，而仁也導向正義（義）、信守（信）、禮制（禮）、智慧（智）等價值規範的建立。故儒家所稱諸德均內在於羣體生活而為羣體生活的倫理；也就是根植於人性，而為個人完成羣體、羣體完成個人的道德力量。

在肯定倫理內在於生命及生活，及肯定生命及生活的目標在實現人性的價值理想的雙重前提下，若人考察工業化社會的內涵，可以認知工業化一方面帶來新的生活方式及新的生活環境，另方面却不可能脫離人性與理性來思考行爲規範與價值秩序問題。新的生活方式與新的生活環境需要新的倫理意識與新的道德規範。但所謂新的倫理意識與新的道德規範，應指倫理意識與道德規範形式上與方式上的新，而不應指兩者實質上脫離人性及理性。故吾人考察工業化社會的倫理化問題，必須扣緊人性本然與理性自然來尋找答案。儒家哲學旣針對實際生活中的人性與理性，揭櫫了上舉倫理化的連續程序，其對工業化社會倫理建設的啓發性乃不言而喩。工業化不但促進了吾人對儒家倫理深一層的了解，吾人對儒家倫理深一層的了解，也促進了對工業化過程深一層的反省。

儒家倫理中所包含的和諧原理（仁）與道義原則（義）已爲現代工業化日本社會所吸收，創造了成功的企業管理制度，直接或間接的促進了日本經濟的富強與其工商業在國際市場上的高度競爭力。新加坡在工業化社會的基礎上倡導儒家倫理，如果能夠把握工業化與倫理化彼此相應的樞紐，澈底推行，則其成功將不限於儒家倫理之適用於新加坡，其成功抑將爲現代工業化社會之倫理化樹立一般性的楷模與典型。就以上兩例觀之，如何把儒家倫理與工業化社會結合起來，以解決工業化社會倫理化的問題，並發展工業化的潛力，是任何對工業化、社會發展的關心者不可不面對的課題。

基於以上對工業化與倫理建設關係的認識以及對倫理化理論的分析，吾人應可了解：工業化社會倫理意識的再提升與「倫理工程」的新設計與推行實爲適應工業化社會新知識、新生活、新環境所必需，亦爲工業化再發展奠基所必需。我用「倫理工程」(ethical engineering) 一詞，旨在說明倫理化也需經過理性思考與分析、經驗考察與檢驗來達到改造社會的目的。更有進者，一如其他工程設計一樣，「倫理工程」更需配合時間、環境、制度等因素來作策略性的發展。「倫理工程」的必需乃由於工業化的自然演進，往往有導致歧途的危險：無論基於有限知識造成的無知，或基於權力意志造成的自私，當工業化罔顧社會倫理的目標時，社會的福利也就遭受威脅了。故「倫理工程」是積極從事倫理化的理性活動，藉以調和積極從事工業化的意志活動，其重要性至爲明顯。

臺灣的社會在急速的工業化中。科技與工業化已成爲學術研究與政府決策的焦點所在。但面臨工業化的新需求及新問題，理性的倫理意識與倫理價值顯然並未發展與提升，也未受到應有的重視。傳統的倫理價值則呈現一片落後過時之感。故如何爲當前工業化社會注入倫理的新生命，並進行設計與推動倫理的革新工程，乃是當局及有識者不可不考慮的問題。尤其如何眞正繼承儒家倫理的傳統，深入儒家的人性哲學與人生、社會理想，設計及發展一套具體適用於現代工業化社會的倫理規範，更是學術界知識分子的責任。對於此一設計與發展的基礎，吾人所應注意的大原則有可得而言者五：

一、科技與工業化有益於民生經濟與國家富強。基礎科學與基礎工業尤爲長遠推展科技、鞏固國力所必需。唯吾人在推展科技及工業化的過程中，必須參考工業化先進國家所遭受工業化危害及危機的經驗，而力作防範，在時空人事整體中妥爲措施安排，以杜後患。吾人更當精用科學理性的思考來檢討科技與工業化帶來的社會結構、人際關係與價值秩序等的變遷問題，並早擬定制宜之計。

二、吾人應認知科學研究精神爲科技及工業化之本，在其根源上並不與倫理化精神對立或相左。兩者均爲生命及生活所必需。吾人應提高知識與價值、科學與倫理相互爲用的共識，對於科學方法更要作廣泛的但是正確的應用。除自然科學外、社會及人文的研究也是科學方法應用的對象。但對社會與人文正確的應用科學方法，則應先行肯定社會與人文研究的獨立性與創發性，並在此項肯定基礎上把握生命、人性、理性、意志、個性、羣性等基本範疇。科學方法並不化除此等範疇，而應在此等範疇的基礎上提供概念的認知與清晰的系統化，導向倫理價值、行爲規範的建立。

更有進者，科學方法也當用於科學自身價值的評估，反省科學對社會人文的貢獻，權衡科學對達到人生與社會價值目標的效能，再相應於社會人文的理想價值目標，不斷訂正可行的科技政策。在此評估中，吾人應務使科技發展與工業化策略配合全面文化政策一體推行，以求達到社會工業化與倫理化的雙重目標。

三、科技與工業化雖激烈的影響了現代人的生活，但傳統文化並不因之而消失，而人的生活內涵仍以人性爲基礎。故工業化社會的倫理化應以發揮人性、理解傳統調和現代爲宗旨。科技與工業化也應永遠視爲實現人性的方法及工具，接受人性需求與整體性的理性的指引。

四、基於第三點的了解，吾人應自發揮人性的五倫思想基礎上發展其他倫理關係。任何倫理關係都自人性需求、理性認知而來，代表了人與人間、人與事物間關係的認知與價值態度。但如上所述，任何一種認知與價值態度與其引發的行爲規範，都應以發揮及滿足人性爲目標。工業化社會不但面臨社會環境、生態環境及其他生存環境的交互影響問題，也面對專業化生活方式與工作方式的適應問題。相對此等問題，吾人應確定相應的具體價值標準與目標以指導如何權衡輕重，如何判斷是非，如何決定行爲之道。吾人的總目標仍在求得目標與手段的平衡、技術理性與自然人性的平衡、個人利益與社會福利（利益）的平衡。因之吾人不僅應發展對社會羣體的公共道德倫理，建立普遍的社會責任感，也不僅應發展對生態環境的尊重與對生態系統的關懷，建立對自然宇宙健全合宜的處行之道，而且要建立各行各業的倫理規範與職業道德標準。基於此理，吾人應發展醫學／醫生倫理、遺傳倫理、法律／律師倫理、企業／企業者倫理等等。

吾人不必把所謂第六倫、第七倫看做人性五倫以外的倫理規範，而可看做人性基本倫理的延伸。如何在人性基本倫理基礎上發展更完善的倫理，以因應工業化社會的需要，預防科技與工業化的不良反應，並導致更多人性價值的實現，乃是工業化社會倫理化的課題。至於五倫關係因工業化引起生活方式的改變而應作形式上與方式上的調整，自然也是現代化倫理建設的一個要求。

五、工業化社會帶來專業知識分工。專業知識分工造成專業間的隔閡及專業者間的溝通匱之，故科際整合、科際溝通極爲必要。無此科際整合及科際溝通，倫理建設必難進行，因倫理建設在工業化社會中涉及各種專業知識之故。倫理建設更涉及行政管理、企業管理及工業管理諸面。管理爲維持秩序、爭取效果之學。其終極目的具備社會倫理的意義，而社會倫理也必依賴管理思想的推行。管理需要通才，此處若就倫理化的需要而言，管理的通才是指能挑擔大任、勇於負責之才，也是孔子所說「不可小知，而可大授」的君子之才。要培育這樣的人才，吾人需要加強通才教育。除要求深厚的專業學識外，廣博的胸襟、公正的判斷力、創新的想像力，對人性的信念、道德的修持與堅毅的行止，都是不可或缺的。基於倫理化的要求，因之吾人也不能不對通才教育、管理教育加以關注與反省。

總結以上五項，吾人誠摯期望我國社會的工業化不但帶來經濟的繁榮富庶，也帶來社會生活倫理的新氣象、新境界。

第八章　企業倫理的分析

企業倫理是應乎社會的需求自然發生的。在現代社會裏，倫理的關係不只限於家庭或傳統的人際定位。由於現代的個人，可以歸屬於各種不同的社羣，社會上的人際關係也因而愈形複雜化。同時，也因各種團體、機構等社羣的存在，團體與團體之間、機構與機構之間、團體與個人之間，都必然產生一種規範行爲的期盼，亦即制約行爲的倫理關係。更有甚者，每一個特殊行業都有其特殊的倫理要求。例如從事醫療工作的醫生或護理人員必須遵守醫療行業的倫理要求，所謂醫生必須有醫德。又如律師這種行業，也要求有律師的道德。其他如工程師、財務員皆有其應遵守的特殊倫理。政府具有規範社會各行業行爲的最大權力，並可輔導各行業及社團、機構，實現其倫理要求的功能，然而它本身亦有其應遵守的倫理。甚至國與國之間也有共同遵守的倫理原則，所謂國際倫理即是。總言之，現代社會除肯定個人道德、家庭倫理外，尚演化發展出其他促進社會進化與分工合作的職業與企業倫理。將來社會更進化，分工更細，新的行業愈多，更多的倫理關係自然應運而生。

什麼是倫理？所謂倫理是指規範兩個或兩個以上個體的關係及行爲方式的規則。這些規則最好爲關係者所遵從。假如不遵從，一定會產生破壞秩序的後果，甚至於影響到關係者本身的存在，變成一種「自我毀滅」(self-defeating) 的情況。所以一個社會對倫理原則的需要，是十分明顯的。倫理不同於法律。法律有強制性，並透過公權機構具備制裁的能力。但是倫理並沒有這種強制性的制裁力，它是關係者基於生存與發展的需要，自覺地建立起來的一種共識。違反倫理，雖不必受到法治機關的制裁，然而却會受到其他同業或從屬的關係者的抵制。舉例來說，醫生憑其醫生執照行醫，這是合於法律的。但是一個合法的醫生可能缺乏醫德，小病當大病醫，或大病當小病醫，即使不受法律制裁，也會遭受患者或同業醫生的譴責。當然每一行業所面臨的問題不同，其行爲的效果也不一樣，牽涉到的倫理問題也不一樣，我們僅就行業的目標、功效，與行業負責者的道德、心態來討論。

企業倫理 (business ethics) 是指任何商業團體或生產機構以合法手段從事營利時，所應遵守的倫理規則。企業倫理與商業道德 (business morality) 有重疊的意義，但是兩者範圍大小不同。商業道德指從事商業行爲者，尤其指從事商業行爲的個人合不合乎道德的考慮。例如：一個老闆作生意時，他的行爲是不是能做到童叟無欺？企業倫理較商業道德的範圍爲大。企業倫理指企業的發展與推動，不只影響到個人，或只影響到消費者，且能影響到政府、社會、環境及其他企業。企業倫理依其特殊企業性質，具有其應用時之特殊條件。

企業倫理所面臨的問題可分二部份討論。一是對內的 (inward) 企業倫理，一是對外的

(outward) 企業倫理。所謂對內企業倫理乃是針對企業家或主持人與受雇的員工，即勞資雙方的關係談倫理原則。十九世紀工業革命後，英國的資本家皆只顧謀利，而罔顧勞工的生命安全與福利，對童工、女工更採取剝削政策，這都是不道德的，都是違反企業倫理的行爲。由於資本家與業者採取壓榨剝削的態度，所以勞工組織起來，組成工會與資本家對抗，採取罷工方式來爭取勞方利益。工會與資方的對立，是現代歐美勞資關係的最大問題。

勞資對立所牽涉的倫理問題有二：一是資本家的心態，一是勞資雙方應有的共識。如果資本家把工人當賺錢的工具，而工人以打擊資本家爲目的。如此勞資敵對，將會導致社會問題，甚至會演變成馬克思所謂的階級鬥爭。勞資雙方應該建立彼此尊敬與相互依存的一體之感，並進而了解互助合作的重要，同時致力於企業的發展，共同擔負起企業對社會的責任。如此勞資問題才能解決。在現代美國，資方允許勞方參與投資；而資方也盡力爲勞方建立福利制度，減少勞資的衝突。自此觀點推論，最好的解決勞資問題的方案，應該是「勞方資本化」，「資方社會化」。勞資雙方如果面臨一時不能解決的困難，兩方應該建立談判磋商的原則，發揮相互信賴的精神，開拓彼此溝通的管道，理性的尋求解決勞資問題的良策。中山先生的民生主義對勞資的看法值得我們重視。中山先生在民國六年時，提到民生主義之意義爲何？曾說：「我將使勞工得其勞力所得之全部，」在今天我們的經濟發展下，我們亦希望中小企業或大企業能夠允許勞方參與資本，使勞方每年的收入能夠積蓄到投資的地步。我們也應該對最低工資的問題有所解決。有人認爲最低工資應該能維持一家三口生活的水準。從解決勞資的問題來看，最低工資應該是勞方的收入比維持一家三口生活的費用爲多。唯有如此，勞方才能儲蓄，參加投資，有生活保障的安全感，使社會的財富平均。總之，勞資如何合作，及勞力如何資本化，資本如何社會化，社會立法如何保障勞資共同利益及社會利益，是我們目前面臨的重大問題。今天臺灣大、中小企業裏的雇員不願守其崗位，而多喜另起爐灶，造成臺灣商界每六個人就有一個董事長的現象，反應出勞方與資方的關係仍需檢討。從這個檢討中，我們也了解企業倫理能導致企業立法，而企業立法能導致良好的企業倫理的建立，同時促進社會秩序的安定與發展。

我們再談企業對外的倫理。企業發展是社會發展的一環，也是社會整體進化的一部分，因此它對整體社會應有一層權利與責任的關係。換言之，企業之存在以社會之存在爲條件，所以企業應該建立在企業家的社會責任觀念上，而不要建立在企業家的權利觀念上。當然，企業家以他的勞力、心力、資本來發展他的企業，增進他個人的財富是合理的，但是他應該了解：他追求利益也是促進社會繁榮的要件。相反地，如果他的企業行爲違反社會利益與社會安定，那麼他的企業不但沒有倫理可言，也沒有存在的理由。

有關企業對外的倫理，我們可分下列五方面的關係來討論：對政府的關係，對環境的關係，對消費者的關係，對其他企業的關係，對其自身發展的關係。先就對政府的關係言。企業對政府的關係就是守法或不守法的關係。企業是否遵守政府的法規乃屬於企業倫理的範圍之一。政府對工商業有課稅、管理或其他商業行爲的規定。在臺灣有許多商人從事經濟犯罪，故意違反票據法，或賄賂政府官員，或假造配額文件，乃至逃稅，這些皆是非法的行爲，同時也是不道德的行爲。因爲它們直接或間接地破壞了社會秩序，危害了其他個人或團體的經濟安全與利益。舉個例子，商店不開發票，達到逃稅的目標，其行爲與動機皆不合倫理，而社會個人也往往故作大方，或怕麻煩，不向商店要發票，所以每年因發票的漏稅不知多少萬元。這種情況顯然不是一個進步的社會，一個講究企業倫理的社會應有的現象。

企業對外的關係，除了對政府之外，還有對環境的關係。一個企業，尤其是生產企業，應該考慮到環境衞生及環境生態的維持。如果企業只顧自己的利益，對自然環境造成短期或長期的破壞，自然也就造成對社會及個人的損害。所以企業應該講究對環境的倫理的認識。五十年來，美國的大工業已經警覺到這個問題。當然，這個問題的認識是基於社會人士或社區居民的反應。如對空氣、水流或食品的污染，當地居民感覺到，而積極地要求業者改善。就此經驗參考，我們應該要求任何生產事業、工廠多方考慮，自動自覺地防範其對環境的污染，而不應投機取巧地草率處理。當然，對環境的保護，也需要相應的利益團體來推動，因爲如何去維護自然生態，這是一般社會大衆的責任。我們今天談到企業對環境的倫理時，一定要談到對環境生態的自覺與共識；任何倫理原則都一樣，若無共識與堅持，則殊難運行無阻。

第三項有關企業對外的關係，是企業對社會個人的倫理責任。在此處社會個人，指的是直接與間接的消費者。多年前，臺灣成立「消費者保護委員會」，表示消費者已經能主動地要求生產業者的產品符合健康安全的原則，給予消費者合理的價格，要求經銷者不得居中剝削，並要求生產者提高貨品的品質等等。這自然是好的。但是從企業倫理的觀點，企業本身早就應該建立正確有關對消費者的倫理觀，其目標在促進社會的繁榮與發展。就二者而言，雖然我們已有消費者保護的觀念，但是我覺得仍不夠積極，不夠普及化。也許基於許多行業的自我保護，所以我們還沒有醫療方面的或法律方面的消費者的保護。假如一個醫生誤診，病人得到保護的機率不大，假如一個律師判斷錯誤，誤人誤事，消費者似乎也受不到保護。只有一般化的保護消費者的觀念顯然不夠，我們仍要求特殊的行業與企業本身具有特殊的倫理觀念。今天我們談企業倫理，不能不把維護倫理的相對團體意識提高。

第四項有關企業對外的倫理關係，乃是企業與企業之間的關係。企業有的是同行，有的是不同行，有的是有關的，有的是無關的。企業間相互的倫理關係，應該謹守公平競爭的原則，以求發展自己，謀取利益。企業之間的惡性競爭與彼此互相排擠，尤其在對外貿易上，不顧整體行業的發展而削價傾銷，或透過不法的手段竊取工業秘密等，這些皆是不道德的行爲，也不合乎企業倫理的原則。企業與企業之間之倫理規則，更需要溝通與協調，才能發揮出來。同時政府的輔導也很重要。我們社會上必須建立企業與企業之間，個人與企業之間的信任制度。就以銀行貸款爲例，我們可以問是不是能做到公開公平呢？企業之間沒有倫理規則，因此才產生不倫理的行爲。

當然，我們也應該發展一些有利於維護及形成與實施倫理原則的條件，如此，才能使倫理制度通行無礙。

最後，我們考慮企業本身的成長與發展問題。企業家一方面應該認清對社會的責任，即應該以其盈餘貢獻於社會與文化，一方面也應該以卓越的產品爲目標，以改良產品的品質，在研究發展中追求卓越的理想，促進社會的進步與繁榮。這是企業倫理有關自我實現的、理想的要求。今日臺灣的企業顯然缺乏這方面的精神。例如以電腦業而言，臺灣可以抄襲別人的蘋果二號，却無法生產自己的電腦，是急功好利不願投下資本研究發展呢？還是能力不足呢❶？不論就私有企業的利益或政府的策略言，大力發展電腦的研究是很重要的。自我實現也是企業倫理發揚的重要環節。

總結以上所說，企業倫理是一種複雜的現象與複雜的關係，我們不能單從商業道德或個人道德的觀念來了解。我們必須就社會全體以及企業發展的目標未建立企業倫理，認清企業發展的理由及其存在的理由，同時了解企業發展與存在對社會的關係。在這些都了解的大前提下，進一步來確定企業內部的組織問題，勞資協力合作問題，以及企業對外的各種關係問題——亦即對政府的、對環境的、對其他企業的、對消費者的、對本身成長的各種關係問題，加以適當的解決。今

❶ 最近數年，臺灣已能生產獨立設計的個人電腦，並冠以獨立品牌，向海外正式推銷。這是一個可喜的現象，不但表現了臺灣高科技的進步，也表現了業者對科技研究與發展，能予投資的成熟心態。

日臺灣科技升格，對外多賴國際貿易。我們尤其應該加強企業倫理的共識與規範，在國際貿易上，多國公司企業投資上，才能維護我們企業的信譽，才能透過企業增進社會與國家長遠的進步，而不只是增加家族或個人財富，製造一些億萬富翁而已。

第九章　戰略的哲學基礎分析

（本文為應中華戰略學會邀請所作講演稿）

西方的學術思想，從希臘開始，就是理性的、分析的思考。所以今天西方學術思想最後的根基，仍然要回到柏拉圖的辨證法或歐幾里得公理系統的思考方法。當然西方的文化發展，不僅限於希臘的理性主義，其他如羅馬的法律精神、基督教淑世的熱誠等等，都對造成西方在世界文化中的重要地位，具有深遠影響。

就中國來說，中國文化是一個倫理的、中庸的、中和的文化，其發展過程包涵很多層面，但卻不包含理性分析上的特別突出；相反的，卻在於生命和諧上特別講求。

西方的理性分析的哲學以及工業科技的發展，固然對人類有很大貢獻，但也造成人類很多的困擾和危機；而中國文化、中國哲學以一種生命的經驗和智慧，正足以補西方之短。如果能把中國的哲學發揚光大，加以現代化，應該是非常有意義的事。同時我們應不只是把中國的哲學現代化而已，更要進一步的推廣，使中國哲學世界化亦即與世界文化相結合，中國文化與西方文化立於平等的地位去發展人類新的文明，這應該是我們努力的方向！

爲了認識中國哲學對形上學、本體論、價值哲學等方面，到底有什麼貢獻，有什麼作用，我們可以把中國哲學的深厚思想，落實在現代文化的各種層面。我想從五個方面的定位來討論：第一是管理，卽管而理之；第二是傳播，卽交流、溝通；第三是個人修養，卽自修、修身；第四是倫理建設，卽基於工業社會的重新組合而產生新的人際價值規範；第五是科技知識的整理，卽指出科技知識如生化、物理等，與中國本體思想之間的密切關係。例如，西方學者最近提出生化方面遺傳因子的組合與易經的六十四卦組合方式正相脗合，這絕不是偶合，而是研究生命發展一個最根本的共同的道理。

至於用於策略（戰略）上面，我想先從基本概念加以分析，然後再指出其哲學性，以及透過對中國哲學的了解與西方哲學的認知，來尋求結論。

從字義上來看，策略應該涵有計謀、方略、方法等多種意義。仔細分析這些概念，可以得到一個圖構，就是首先確定一個大方向大目標，然後再劃分以下的層次：首先吾人要確立國家的基本大法、基本方針，以實現富國強兵經世濟國的理想；爲實現此一理想，必須制定政策；要推行政策，必須有很多方案；把方案步驟化，就需要程式的設計，就是計劃；執行計劃就到了運作的階段。其中重要的決策就可以稱之爲策略（strategy）。把策略落實在具體的運用上，因人、因時、因地、因特殊情勢，作達成目標的努力，則可以稱之爲戰術（tactics）。

策略是從知到行，從原理到實現乃至運作的一貫作業，故必須從整體思想去了解。也就是要針對一個計劃、一個方案、一個政策、一個基本原則去了解。如此研究策略，策略才有其深厚的意義。

策略還具有連貫性和銜接性，一方面銜接整體的方策；一方面銜接推行的具體行爲。

要了解策略的意義，最重要的是要認識決策的重要。在現代化社會的運作中，任何目標的達成，都必須經過決策階段。決策是從理性到意志的過程。從哲學觀點來講，人要知，知要行；知是理性的、知識的；行是意志的、行爲的，而策略正是把理性貫徹在意志之中，具有融貫知識與行爲的特點。

從整體的認識來看，策略應組織一切力量以實現目標。其過程是：首要把握一個中心思想，也就是思想的本體；然後導致政策或原則；然後再設計成制度；最後規劃成技術、技巧去運作。

策略是整體及其所含各部分的部署和定位；戰術是適當的、靈活的時空運用，亦即對策略時中的運用。制度是時空的定位問題，運作是時空的掌握問題。所以策略的哲學基礎，應該從講究整體定位、時中變通之學的易經中去了解。易經是中國哲學思想之源，中國早期的思想最後都必歸源到易經。定位是易經的基本觀念，卽天地定位的意思；時中是依時、依地作最好的變通的運用。定位是講求守經，時中是講求達變。因之，運用有應變的意義。歸納起來，吾人就可以自易經的哲學觀點對策略與戰術獲得一個較深入的概念。

在回歸易經策略哲學之前，我們現在先從孫子兵法來看策略的有關問題。我們必須認識今天世界上還沒有一本有關策略的書較孫子兵法更具有哲學意義及週延性。西方對策略及戰爭技術的研究比較晚，而中國則因爲文化發源較早，到春秋戰國時代，已經有很多經驗需要綜合；綜合的結果，在軍事方面就產生了孫子兵法這一本書。所以孫子兵法雖然是在古代所完成，但它是來自廣泛的經驗累積，其中包涵的思想實在具有相當大的現代性，可以用現代語言清楚的解釋。另一方面，吾人可從孫子兵法追溯到更深一層的根源，也就是老子的思想，然後我們可以更進一步的從老子引申出易經的思想。下面我想從四個方面來說明孫子兵法的策略思想。

孫子兵法首先強調的是「立於不敗之地」，這是一種非常高明的說法。因爲策略是要實現政策，達到目標的。如果能以最小的代價，獲取最大的成果，卽是最好的方式。這顯示了中國人非常的智慧。要達到目標，並能把自己的損失減少到最低限度，一定要先站在一個穩固的基礎之上，這也就是孫子兵法中所說的：「無死地」，是戰爭的最高原則。

什麼是「立於不敗之地」和「無死地」呢？一位美國學者寫了一本叫做「新世界的管理觀念」的書，其中提到「超穩定性」(ultra-stability)的概念。他說美國很多的工業是應運而生，背運而滅，時間一過就無法生存。一九八二年出版的「追求卓越」一書中，曾舉出當時四十幾個卓越的企業，但到今天三分之一以上已經完全落伍了，其原因之一就是這些企業在管理策略上缺乏一個「超穩定性」。

「超穩定性」就是基於深厚的思考，所產生的一種長程計劃，足以應變，也就是足以肆應任何風暴和轉變而不會受到根基上的影響。一般系統如果沒有「超穩定性」，會因環境的變化或內部的變遷而受到損失，所以必須建立「超穩定性」的概念。

「超穩定性」概念，結合易經來說就是「不變」的概念。宇宙間「變」是一定的現象，如何以「不變」來結合「變」，容納「變」，整合「變」，是易經的主要原則，即所謂「以不變應萬變」。「以不變應萬變」的關鍵在如何去「應」？「應」是要在開始設計的時候就應該想到，而不是臨時去「應」。換言之，一個一般系統要整體化，使其具有相當大的伸縮性與變通性，這樣才能以不變來承受變易。如果不僅有應變的能力，並且能有「未來管理」的能力，來控制和預測管理及控制未來，（即具有所謂「前知」的能力），那就是更高明的層次了。

另外一個管理原則是「簡易」。基本原則在把握「簡」和「易」的要求。如果系統太複雜，過程太分散，就很難收到統馭控制的效果。所以如何以一馭萬，也是一個最基本的觀念。易經對變化的認識，就是從一個簡單的組合，到一個穩定的系統，以應付時代外在或系統內部的變遷。從這一思想來看，「立於不敗之地」就是立於「超穩定性」的整體化的系統之上。這個整體化的系統在中國來說就是「道」。只有「道」才有這樣的力量。「道」是中國哲學中的一個理想的境界，同時也是人生實際體驗到的境界。世界與人生整個變化之機，其主動性、整體性、自然性都是「道」的特性，都可以從事實上體驗到，而不是虛無飄渺的。

關於道之爲用方面，孫子兵法也特別說到幾項要素，就是「道、天、地、將、法」，這一結構是相當清楚的。首先是「道」，然後再一分爲二是「天、地」；然後再把天地之道合起來是「將」。從「將」再產生「法」。此卽所謂五校之計。其中「道」是基本大法或根本的原理，是和宇宙、人性相配合的。所說的「道」必須是「大中至正」的，也就是「中道」。此一「大中至正」之道，如何在自然秩序裏分化爲二，實現其潛在的力量，其分法就是「天、地」。天是時間；地是空間，時空的關係是一而二，二而一的整體。一分爲二、二合爲一是易經本體哲學的思考方式。最重要的是必須把握那個「一」，如果一分爲二以後，不能合起來的話，也就會失敗，因爲舖陳太大便不易掌握。這是由於整個宇宙必須一分爲二，二要合而爲一。因此，講辨證法實在沒有比易經更好的了。

孫子將「道」合爲「天、地」，也就是時間和空間，再結合爲「將」。「將」就是領導，領導就是組織，就是用人。從管理哲學來看，我把管理分爲七個層次，就是：計劃、決策、組織、用人、領導、控制、協調。一般談管理哲學，只提到計劃或決策，然後談組織、用人、領導，並沒有把控制和協調分開。我認爲控制是對物，卽人對物、物與物的關係；協調是對人，卽人與人的關係。中國人在這方面有很大貢獻。中國人把人和物的關係與人和人的關係分開的。人和物的關係是控制；人和人的關係是協調。協調是透過人性的溝通與建立共識共信來達到的。如果只有控制而沒有協調，和平仍是一種假象，最多是和平共存而已，不能持久。

「將」本身包涵很多意義。孫子解釋「將」的時候提出「智、信、仁、勇、嚴」五德。這乃是從人性的立場來着眼的。換言之，要談領導不能只從物性來看，還要從人性來看，還要從人性與物性的配合來看。「智、信、仁、勇、嚴」五德表示的就是從人的共信、共識、共知來建立領導。如此才可以立爲大法，成爲制度，變成策略，付諸實行。所以「立於不敗之地」也就是掌握人心。中山先生說「順乎天，應乎人」，也是易經上革卦與兌卦所說的話，「順乎天」就是順乎世界潮流，「應乎人」就適合人羣需要。這是革命的基本原則，也就是「道」。以這個「道」來結合時空中的相關因素，統合爲一個領導組織來加以推行，這就是「立於不敗之地」。無論從管理哲學，人性發展或歷史教訓來看，這都是一個不變的道理。

孫子兵法所強調的第二點是「知」的重要。根據我個人的體驗，人如果不知，就很難對事物下判斷。有時知道並不一定能夠作判斷，但是不知道則根本無法作判斷。知識是判斷是非的基礎，同時知識具有啓發性，可以使人產生判斷的能力。科技知識也是如此，因爲科技知識基本上是假設性的，必須透過客觀的實際驗證才能得到。我曾在一篇「管理哲學」的文章（見本書第六章）中提到知識決策化，決策知識化。也就是決策要以知識爲基礎；知識要以決策爲目的，如果知而不能用，則知是抽象的，所以如何把知用於生活之中，是十分重要的。

孫子兵法中談到「知」的地方很多。大體說來強調要知道三樣東西；第一是要知道整體和部分的分別，也就是全偏的關係，孫子所說的「道」就是整體，「九變」就是部分；第二是要知道「反正」，也就是「奇正」「經權」的運用；第三是要知道彼此，如孫子上所說「知彼知己，勝乃不殆」。總括來說，是由主體來知對象，以能知知所知。這是一種一分爲二的活動，而用的時候則要把所知和能知，主體和對象結合起來，成爲一種二合爲一的活動。所以，「知」基本上仍然是辨證法的運用，仍然是易經中的辯證思考。

第三點是如何因時、因事、因地、因敵而行，也就是應用的問題。當我們有了「知」，有了「立於不敗」的道理，要怎樣去用它呢？這就需要應變、變通的原則。這個原則在易經上可以找到根據。知道原則，知道敵我關係是策略層次，而如何把它推行到事物上面，達到成功的目標，則屬於戰術範圍。孫子說：「能因敵變化而取勝者謂之神。」不但敵情可以變化，不但要因敵變化，整個宇宙也是變化的，所以孫子說：「五行無常勝，四時無常位。」面對這種情況，就更要能一般的通變、應變。不過應該注意的是通變還是要基於一個整體的知識系統來通變。

第四點是從主體自我加以昇華，加以把握，以加強整體中主體的深度，其表現在於治心、治氣、治力、治變等方面。這也就是如何去多面掌握主體的「道」。「道」要透過主體，也就是要透過作爲一個領導者、一個策略家不斷的努力，不斷的用心，才能達到百戰百勝的目標。要掌握「道」首須治心。中國哲學談「心性」，有心因而有性，有性因而有天，心與道有貫通的一面。治心要透過自我反省，認識外界的宇宙。中庸說：「合內外之道，故時措之宜」，能合內外之道，才能把心充實起來，表現爲時中的行爲。治心之後，形之於色，形之於形，化爲一種實際的形態就是氣。氣是一種實際的身體狀態與行爲狀態。氣表現爲力，然後達到治變、致用。依這樣的次序來達到變化莫測的境地。所以主體的昇華，是基於對客觀事物的了解與配合來做的個人的修養。這也是儒家哲學與道家哲學共同所特別強調的。

孫子兵法的精華很多，從以上所提出的四點，可以看出孫子兵法確實具有策略哲學的意義。如果把孫子兵法和老子道德經作比較研究的話，我認爲道德經提供了孫子兵法一些認識論上的基礎。當然從歷史上考證，到底兩者何者在先？其間的相互影響係如何？是屬於另一個學術上的問題，在此不敢妄作論斷。不過道德經一書很可能是孫子兵法重要的思想來源，而易經又是中國思想文化的主流。其發展應該是從孫子、道德經到易經一步一步的向上追溯。易經是夏、商、周文化的累積而爲孔子所接受所闡揚，道德經則是此一主流中的一個重要枝幹。

道德經包涵的道理很多，有人說它是權謀的思想，有人說是純粹的本體論、宇宙論、與人生哲學。總而言之，它不只是一樣東西，甚至不是一個人所寫。下面我只就幾個與策略有關的問題，提出參考的意見：

第一是得一無適。道德經很講求抓住根源，根源是无或无極，至少是已忘於形，而其本身則是一個整體，一個統一。道德經四十二章說：「一生二，二生三，三生萬物。」其意義是抓到一就能創造無已，有所成就。道德經三十九章說：「天得一以清，地得一以甯，神得一以靈，谷得一以盈，萬物得一以生，侯王得一以爲天下貞。」如果得到這個「一」，就不需要特別執着在那一方面，且能實現一物之理想狀態。所以如何掌握「一」非常重要，了解了「一」的觀念，就能駕馭自我，駕馭這個世界。換言之，就是立於不敗之地。立於不敗之地，運用才能夠自如。

第二是無爲轉化。得到「一」即可以立於不變應萬變的立場，然後才能無爲而轉化。無爲并不是完全清靜無爲，是無爲而無不爲的無爲，所以一無所爲不能叫做無爲。無爲是動態而非靜態，要透過無爲使一個整體發生自然的轉化，不假以機械而達到一種最佳狀態，才是最高明的。從策略上講，如果能運用謀略自然解決問題，不動一兵一卒而得到勝利，乃是一種最高的境界。這也就是孫子兵法所說的「全國爲上，破國次之。」的道理。

第三是相反對治。爲達到目標，可從相反的一面去想辦法，不應把事情看得很呆板，要把宇宙看成一個變化不居的宇宙，把時空看成一個變化不居的組合。道德經三十六章說：「將欲歙之，必固張之；將欲弱之，必固強之；將欲廢之，必固興之；將欲奪之，必固與之，是謂明。」指出事物的發展，其變化規律是發展到極致自然就會歸於消除；「消息」是宇宙的自然現象，能夠掌握「消息變化」之機，就是成功之道，也就是相反對治的道理。

第四是大象無形。掌握了相反對治的原則以後，在運用上還要能大象無形，見小爲大，掌握整盤的棋局而不流於形跡。如何看到大的現象固然重要，而如何看到最小的現象也是很重大的問題。我認爲一個成功的戰略，就是要能夠掌握大跟小。歷史上的許多失敗，就是失敗在當事者沒有看到大局，也沒有看到小點。所以，大小、遠近、強弱，都是相反對治的延伸，都是很重要的認知對象。在這一方面道德經裡提到很多，不再加以引述。

第五是未兆先謀。未兆先謀就是在事情還沒有開始以前，先作整體計畫。處於現代社會中，此點尤其重要。如果只是臨時應變去求發展，最後必然有一些想不到的問題存在。只有事先考慮周詳，制定很多方策，才能掌握先機，立於不敗而方寸不亂。但是未兆先謀要知道「兆」之所以起，就是見小。道德經有很多啓示，要從最微小之處，找到最大的東西。預見先兆在易經裡就是「察幾」「見幾」。道德經的此一思想，顯然根源於易經的了解。

總而言之，從孫子兵法到老子道德經是一個哲學基礎的延伸。

下面來談易經。中國人的思考方式的來源是易經。最近大陸馬王堆出土的帛書易經，可能是最古老的一本，其卦序與周易有所不同。由此推斷，周易以前可能有另一種易經的組合，傳說中的歸藏、連山也確有可能。從易經的歷史淵源來看，的確有夏、商、周文化的背景。整個夏、商、周都重視「天命」，尙書中也曾提到「天命無常」，從這一點體會，判斷易經是綜合夏、商、周文化所發展出來的一套彰顯「天命無常」的符號系統，是很有可能的。我們雖然不能確切說出伏羲是何時、何人？但易經爲中國思考方法作了最早期的定位，是可以肯定的。

儘管有很多人不贊成易經，不研究易經，但是其思考方式，從現象學去觀察，仍是易經式的，只是沒有自覺化、體系化而已。中國人不論是在語言上或價值判斷上，往往受易經的影響而不自知。舉例來說，我們常用的一些語彙如：革命出自革卦；无妄之災出自无妄卦；觀光出自觀卦；制度出自節卦；否極泰來出自否卦、泰卦，都與易經有關。其他如乾坤、陰陽等觀念，也都深受易經哲學的影響。

易經本身的組織成分——卦，代表一個結構和變化。宇宙的現象都是一個結構，并且是活的結構，隨時在變化之中。可以從內部的局部的變化形成外部的全體的變化。內部的變化是說內部產生必須變的因素，由於內部某一部份的變導致另外一個卦的形成。這就是中國人常說的「變卦」，其整體性的意義非常明顯。部份的變影響到全體的變，正如下棋時，一子之差全盤皆輸。相反的，一子之恰也會全盤皆贏。變卦之變甚至於相反也可以變，顚倒也可以變，其方式可以用錯、綜、移、互來說明：錯是相反；綜是相對；移是上下轉移；互是內部的重新組合。以上所說是漢朝以來幾種較爲常見的方式，事實上還有很多其他方式，因爲不盡符合簡易的原則不再列舉。

卦的內部的結構包括空間意義、時間意義與性質上的意義。這三種意義是天與人的結合，天與物的結合。易卦結構整體化之後，變成一個象徵系統，這一象徵系統，從數學上講，是很邏輯嚴謹的，從解釋學上講，是很豐富多元的。

易經還有一個重要之點，是應比。應是彼此呼應，每一部份都有其呼應性，如一與四；二與五；三與六等皆是。彼此相鄰近變成比，鄰近之後有上下關係即成乘、承的關係，其中又有定位與時中的關係，定位看當位不當位，正不正。正而中最好，正與中是從整體中產生。正中的觀念是易經哲學的中心思想。

易經是一個整體系統；整體中產生定位，所以是定位系統；定位後講求彼此之間的溝通，所以是溝通系統；溝通之後講求彼此之間關係的轉化，所以是轉化系統；應付時間的變要講求融合，所以是融合系統。融合的目的在應變，融合的意義是因時、因地再次成爲整體，再定位、再溝通、再轉化、再融合。如此才能生生不已，以應無窮。此一觀念可以用於管理，也可以適用於其他方面。

易經哲學更重要的一點意思是：掌握一分爲二，二合爲一，一體二元，變動不居的思考方式。掌握此方能生生不已，能收能放，能分能合，能正能奇。

整體就是一，可視爲太極；太極變成現象，自然就成爲陰與陽；陰陽又可分爲二，一直推行下去，就可以放之彌諸六合；另一方面又可以統之有序，歸之有元，以至退藏於密，既簡單又複雜。多年前大陸學者討論辯證法，堅持一分爲二，但却完全不了解易經中一分爲二，二合爲一，相輔相成的思想，謹謹拘束於馬克思的對立思考，所以沒有辦法得到任何結論。

歸納起來，易經整體定位時中之說，是最好的決策系統。其最高境界是天、地、人的調合，以謀求消除矛盾，解決衝突。至於用於軍事政治，我有以下四點體會：第一是立極；第二是知幾；第三是應變；第四是時中。

總括來說，如果把現代策略觀念作易經的定位分析，顯然能夠獲得深厚的哲學意義。從孫子兵法來看策略問題，非常符合現代管理哲學的原則，而孫子兵法的思想基礎，與道德經實有着密切的關係，道德經又源於易經。所以，易經是策略觀念的最後哲學基礎。

最後我想舉美蘇對抗中雷根的策略思考作爲例證說明，結束本文。

雷根是一個具有特殊性的人物，其思想屬於保守派，把美國的傳統和利益看得很重。對國外的軍事與經濟部署也以美國的利益爲中心，不像威爾遜總統講抽象道義、抽象原則，以理想主義來解決問題。在發展美國國力方面，雷根建立了兩個政策：第一，要美國人民自己求生存，不能完全靠政府；大公司大企業公平競爭，發展個人自由與個性。因此，強調教育應屬於州，國家不能有太多的補助，甚至考慮逐漸淘汰社會福利。第二：國家本身要強，才能應付外來的強敵。他假想蘇俄是他的對手，所以強調軍備的保持與擴充以對付蘇俄。最近美國國會削減預算，國防預算削減幅度最小，並且仍佔整個預算中最大的比例。同時還要提出新的策略來對抗蘇俄，這就是星戰計畫。雖然有些人對星戰計畫的立即效果表示懷疑，反應並不一致，但可以讓蘇俄了解美國重視武力，以實力作後盾來對抗蘇俄，對造成蘇俄心理壓力，促成蘇俄談判，仍有作用。從更深一層來看，科技研究確實在朝此一方向發展，美國不做，蘇俄也要做，爲什麼不掌握先機及早着手呢。過去美國軍力之所以落後，都是在科技發展上未能領先之故。

發展星戰計畫也是基於「網路思考」來設計的。從起點到目標有很多通路，其中也有很多干擾，包括時間、空間、財力、人力等等的干擾。如何避開干擾，在一定的時間裡，以一定的經費來達成目標，就是「網路思考」。在此思考方式下還要把敵方的相關因素考慮在內，以掌握先機制約敵人。其中時間因素非常重要，其形式最後仍要歸結到易經所說的一分爲二，二合爲一的思考。就此言之，易經不僅是中國哲學的基礎，也是現代策略思想上的一個核心，只是西方不知道這是中國的哲學而已。如何把它再加以發揮，以促成中國思想的現代化與世界化，是我們必須努力的方向。

第十章　整體定位、應變創新的思考

（本文為應革命實踐研究院邀請所作講演稿）

今天我感到非常榮幸，在貴院的總理紀念週上與大家研究一個重要的課題，那就是「如何發揚中華文化以促進倫理、民主、科學與世界大同」。這是個很大的題目，而且是個很重要的題目，很多學者、專家，都曾經談過這個題目。今天我還要談這個題目，是因爲我在海外二十多年來，從事哲學方面的研究，已經到了一個階段，深切的體驗到應該從哲學走到落實的應用層次。所以，我最近將我自己所寫的東西累積起來，出版一本書，名爲「中國哲學的現代化與世界化」。我認爲現代化與世界化還不夠，還要有落實化，如何使哲學的理念變成生活的一部分。這是我個人的體驗。爲了這個體驗，我開始作留意到實踐的工作。

剛才吳副主任提到我是學哲學的，同時又是專研管理哲學的專家，這是如何發展出來的呢？那是在七年前，在一次美國的哲學學術會議中，我提到中國哲學可以落實到四個層面上，成爲四個發展的方向。而且我還積極的說明了這四個發展方向的實際作用和影響。

從整體到個體，從應變到創新

第一、中國哲學可以落實於管理。中國哲學提供一個有關一種管理的理論的基礎。據此，我們可以談中國管理。所謂中國管理，就是從整體的觀念來確定個別的作用，也就是整體定位，這是由易經來的觀念。沒有整體就沒有個人；沒有整體，就不能確定相對的個體的位置，也就不能發揮個體的作用。

另外一個相關的觀念乃是如何在整體定位之下，對世界之變、人生之變，做到適當的應變。有應變才能創新。變是必然的道理，但要在變中求不變，就要有本體，才能應變。從應變到創新，從整體到定位，這是中國哲學中最恒久的智慧。中國哲學的智慧，如果能夠落實到管理方面，必然可以解決許多政治、經濟、社會與文化問題。所有的管理，都不外乎整體定位、應變創新這四個方面的考慮。我就是從這個角度來談中國管理的。

日本企業的成功，甚至美國企業的成功，都是基於這些道理發揮出來的。但是中國固有的哲學道理，却被日本於管理之借用，而中國人反而沒有去肯定它們。這就是我為什麼要提倡中國管理的原由。

加強溝通、促進和諧，強化倫理、健全分際

第二、中國哲學可以落實於文化的傳播。人類文化的發展，已經到了必須要相互溝通的階段。只有在相互溝通與相互嘉惠的條件下，才能促進人類的和諧。所以，溝通是非常重要的。傳播亦是非常重要的。中國哲學特別強調人與人之間的溝通。而人與人之間的種種關係，都是從情、理、法的溝通發展出來的。所以，人際關係是溝通的根本基礎。現在人類的文化是走向溝通的文化，在此，中國哲學可以發揮很大的用處。

第三、中國哲學可以落實到倫理的層面。倫理是人與人之間的一種關係，而這種關係是合乎道理，合乎人性的。倫理是基於物理與生命之理之上的。理有三種：物理、生理、倫理。先有物理，才有生理，就好像先有宇宙，然後有男女、夫婦。但是有夫婦還不夠，還要有子女、父母。這種關係是不能變的，在這種關係下可以發展新的關係，進而形成社會，形成國家，形成世界。雖然人性與文化是一體的，但也有它的分際。在分際裏面求全，全裏面保持分際，這是倫理的基本原則。所以，中國文化與中國哲學可以落實在倫理方面，達到使人類組織整體定位，應變創新的目標。今天是個科技發展的時代，但倫理的本質却是不變。中國傳統的倫理，可以現代化、可以世界化，更可以多元的落實化。

肯定知識、明辨是非，追求知識、由博而約

第四、中國哲學可以落實在知識方面。這個觀念非常重要，因爲今天我要講的主題，就是如何發揚中國文化。關於知識方面，我要特別強調，現代人的進步，全賴於知識的發展。知識的發展，改變了人類的生活方式。如何求知，如何肯定知識，來建立正確的人生觀、社會觀、世界觀，這些都必須現代人必須正面考慮的問題。爲此我們又必須考慮，如何分辨什麼是正確的知識，什麼是不正確的知識，什麼是正確的語言，什麼是不正確的語言。我們必須要有眞理的觀念和正確的知識觀念，也就是說，我們要有是非、眞假的判斷。在科學知識方面，今天人類的知識已經到了錯綜複雜的階段，甚至陷於矛盾而不自知。如何從錯綜複雜的體系中，找到簡單而又深入的原則。由博而約，由繁而簡，再發揮其新的知識力量，這是中國哲學可以給予的啓示。

我們並不能因外在的知識爆炸而受迷惑。譬如很多青少年問題和社會問題，都是因爲每個人都是站在自以爲是的知識多元體去行爲，並沒有了解到知識本身也有一元的基礎，並具有簡單的原理。更有進者，知識也有它一貫的目的。不了解此點，就容易產生知識的認識標中與應用範圍問題。求知與求知識的整體是一貫的，也是中國哲學能夠提供給現代科學和現代知識的極大智慧。基於這個原因，我才來談管理問題、傳播問題、倫理問題和知識問題。這四個方面是中國哲學與中國文化可以在現代社會及現代生活中運用的方面。當然，我的主題還是中國哲學，還是從

易經到儒家與諸子，到宋明，到中山先生，以至現在的中國哲學傳統。

文化之本體為天道天命

現在我要談的是如何發揚中國哲學、中國文化。首先，我要對「文化」作一個簡單的解釋。文化是一個很複雜的現象。我在基本上分四個層次來看文化。所謂「文化」，顧名思義，「文」是一個表象，是顯露在外面的東西。「文」是形式，是看得見的章法，是一種生活行爲，但它也是一種力量，能夠產生一種境界和價值。至於「化」的意思，是指人類生活行爲的轉化，能夠轉變現實爲一種新的氣象。綜合「文」「化」，行爲與價值的轉化作用，就叫做「文化」。它代表一種創造力，也代表一種創造成品。文化有它的根源，是基於宇宙的力量，發揮出來的現象。

文化有它的根源，那根源是什麼？我們可稱其爲本體。因此，文化亦有它的本體。就中國哲學來說，文化的本體就是天道、性命。在這裏，我不想作太深入的闡釋，但我要指出，文化有它的本體性，這個本體性，就是天道，也就是宇宙萬象變化中一般的、不變的道理。天是最高的存在，代表良知、眞理。天道乃是中國最古老的觀念。從天道產生生命、產生人性，所以叫做性命，天道與性命就是文化的本體。

把握本體、建立原則，把握原則、改善制度

僅有本體還不夠，如要轉化世界，化為天下的力量，則必須有另一番道理。所以本體落實到第二個層次，我們稱為原則。原則是透過人的理解而發生的，我稱之為「是非道理」。應用本體在生活上面，能夠辨是非、明善惡，就是是非道理，也就是原則。所以從本體到原則，是文化的第二個層次。但是，光有原則還不夠，還要有制度，制度就是大家都可以遵行的法則、規章，也就是所謂的「典章制度」，這就是文化。因為人類有了生命、有了理性去認識宇宙、認識人生，人類就可以建立一些大家都可以遵行的規範，以及法則，這個就叫做制度。當然制度不是一成不變的，從夏商周而下，一直到今天，制度是就本體及原則來建立及變動的。在這個過程中間，人的心智有個靈活性，即必須抓住原則改善制度，抓住本體建立原則，這是一貫的道理。

實踐力行、達成目標，持中致和、一以貫之

第四個層次，是如何運作，如何行為。我們有很好的制度，但是沒有很好的行為，大家不去做，只是空談，那也不行。因此要達到「化」的目的，要有行為。我們稱為「生活行為」，也就是運作，也就是道的實際面、實用面、實踐面。革命的目的就在建立一個大原則，然後透過制度到行為來實踐。實踐就是在生活裏面，表現出人的理解，達到一個共同的目標。所以，「生活行

爲」是非常重要的事情。從本體到原則，到制度，到行爲，是一以貫之的。今天有許多問題發生，就是因爲不能抓住這個道理。有人只是盲從，這是不好的行爲。孔子說：「一以貫之」，這個「一以貫之」，還可以分兩面來看，一個叫做縱貫；一個叫做橫貫。從本體、原則、制度、行爲，各層次一貫而下，來抓住根本的眞實、眞理，來思考問題，這就是縱貫的「一以貫之」。

另外一個「一以貫之」，乃是要舖排出去，這是橫的關係，就是從原則到制度，已經牽涉到很多人、時間、空間的因素。在時間、空間上展開制度，及實踐制度，這是橫的考慮。就文化的本身來說，它有時間與空間面，有縱貫面、有橫貫面。假如我們現在講現代化問題，那是從縱貫面來看，因爲傳統的行爲方式、習慣有問題，所以才要改變制度，改變行爲。如果現在的制度有問題，我們就必須要有新的原則來改變制度。如果原則有問題，我們就要追求本體，認識所謂人性的眞理，然後來改變我們的原則，達到創新的目的，這是一種「持中」的道理。我解釋「中道」，是從本體、原則、制度、行爲，一以貫之，叫做「持中」。至於橫的一面，如果你能夠將縱的事物在空間上作各種的安排，這叫做「致和」。「和」是橫的一貫，「中」是縱的一貫。文化本身應該有「中」與「和」的兩面道理，這是中國哲學最基本的智慧。而這個智慧，是世界性的。所以，中國人了解文化，不應該僅僅是讀讀文化人類學而已，而必須要找到根本的道理。要從縱與橫的方面來找，同時要找它的價值。因爲中國文化包涵了很深的哲學智慧，包涵了中與和的道理，所以我們要使中國哲學現代化，不但使其具有現代的面貌，也使其能爲現代所用，促進人類生活的現代化。我們今天要返本求源，再將中國哲學的成果創新爲新觀念、新用途，這就是一種世界化。這種世界化，是一個橫貫的道理，而現代化，是一個縱貫的道理。

醫治社會之大病，必須從文化着眼

我們的時代面臨着許多問題，我將它歸納爲社會問題。什麼是社會？社會是從文化發展出來的。社會就是一種制度、一種行爲。社會的問題反映了文化的問題。我把目前社會的現象歸納爲四個趨向：

第一、保守主義，就是食古不化，頭腦僵硬，不知如何改變自己。

第二、本位主義，只顧自己，忽略了全體。譬如今天經濟發生了問題，就是財政自以爲是，經濟自以爲是，工商業自以爲是，而造成工商界、學術界、與政府之間無法溝通，所以，才需要革新，這是本位主義。

第三、空言主義，這是學者的大病。常常空言、大言，不切實際。

第四、現實主義，就是太重視當前的利益，而缺乏長遠的計劃。

從以上所舉的這四個問題，反映出從本體到原則、到制度，乃至到行爲的不一貫。換句話說，就是缺乏縱貫的道理、橫貫的道理和兩者統合的道理的自覺，這是我們社會的大病。爲了要解決這四個問題，我們只有回到本源，回到中國的智慧源頭，整體定位，應變創新。這是中國哲學最基本的道理，也就是如何開創新的宇宙氣象的道理。在這種了解之下，我們可以從生活上的衣、食、住、行，以及精緻文化等方面着手，來發揮我們哲學智慧與文化智慧的潛力。

幾個具體的例子

就以麥當勞速食店到臺灣來爲例，雖然是外來的投資，也不一定很好吃，但是却可能帶來好的效果，就是其所在地很乾淨，又有餐巾紙，一般中餐館又髒、又亂、又吵，又沒有餐巾紙。所以，至少麥當勞起了示範作用。中國餐廳並不是不能做到如此的衞生程度，這就是中國文化中現代化的管理問題。

再以中國的音樂來說，我最近在夏威夷爲兩位師專的教授主辦一場古箏演奏，我發覺古箏很有意思，因爲它的音域和鋼琴接近，如何能使世界接受，甚至變成交響樂的演奏方式演出，值得研究。古箏並不古，日本人、韓國人可以把他們的箏發展到很精緻的境界，我們爲什麼不能？我相信我們也一樣可以從音樂上來轉化這個世界，這是第二個例子。

第三個例子，是我在幾個月前，見到美國一位學者寫的一本有關中國語言的未來的書。他說：「中國語言沒有什麼未來，必須要把它音符化。」我完全反對這個理論。人類的知覺，來自五官。譬如基於眼睛所見形象的語言，是視覺語言基於耳朵所聞聲音的語言，是聽覺語言。聲覺固然重要，但視覺更爲重要。中國語言是形象語言，這種語言與聽覺語言有相輔相成的關係。因爲那位學者不懂得哲學，所以，他認爲中國語言必須音符化，這是一個錯誤的觀念。今天電腦很發達，我認爲我們要努力發展中國文字的輸出入系統。我曾經向王安電腦公司有關單位建議，發展雙語化的軟體系統，這樣才能建立中國語言的地位，不致於被英文文字系統所主導。中國語言無疑具有世界性的內涵，因爲它本身是就視覺形象發展出來的。世界上沒有一種語言能像中國語言那樣具有形象性，爲了人類文化的平衡性和豐富性，我們要發展這種形象語言。

第四個例子是中國醫學。以整體來看，中國醫學在診斷方面有很大的潛力。所以中國醫學也是可以現代化、世界化的。總而言之，現代化、世界化，是必然的趨向，我們必須肯定自己。肯定自己，必須要追源溯本，然後整體定位，應變創新。

痛定思痛、肯定自己、擷取歐美長處

反觀中國過去，自鴉片戰爭以來，中國所遭受的處境十分困難。中國已經有一套完整的思想、制度及行爲方式。行爲方式發爲權力，而行爲方式則來自制度，制度來自思想。但西方有西方的思想，發展成爲制度，再演變成爲行爲方式與權力。中西兩個系統發生衝突，在權力方面，中國人受到很大的挫折。在這種挫折之下，中國人自有一種情緒的反應，這個反應，就是否定自己傳統的一切。軍事上中國是打敗仗了，但打敗仗並不表示中國的制度、中國的思想完全有問題。縱使有問題，也可以改進，並不需要全盤否定。另外一個事實是：就在西方這個衝擊之下，中國並不了解西方權力背後的制度是什麼，思想是什麼。這需要中國的智識份子較長時間的去探求。但在未獲得對西方理解之前，中國人的種種情緒反應和自我否定。雖是可以想見的，但却是不一定是正確的。因之而起的種種很不幸的發展，譬如馬克斯主義的興起等等，都帶來歷史的教訓，也帶來痛苦的經驗。

今天中國人痛定思痛，首先要了解文化發展的原理及思想、制度與權力的基礎。當我們了解以後，就會知道應該如何去運用發展。首先我要指出的是：孫中山先生最先提出了中國現代化與世界化的模式。在我個人看來，中山先生所著的三民主義，如果從知識角度去了解，就是一個現代化的模式，具備了世界化的內涵。因之，一方面我們必須從學理上來分析造成西方列強侵略中國的因素何在，這是權力的問題。權力競賽，中國失敗了，所謂優勝劣敗，這是一項事實；但另一方面我們則要了解中國爲什麼失敗。必須痛定思痛，檢討過去，策勵將來。中山先生特別有他的政治遠見，他從實際的權力競賽問題，追溯到制度的優劣問題。中國有好的制度，如考試制度與監察制度就是很好的制度，但中國也有不好的制度如君權專制，行政、立法、司法三權不分。西方民主國家的行政、立法、司法三權分立則是很好的制度，值得中國採行。一個國家的政權與治權分工而合作，行政權、立法權和司法權分立而制衡，這就是民主政治的實施。中國歷史中雖有民本、民權觀念，但是却沒有發揮成爲制度，這些是值得吾人做理性檢討與理性批評的。

三民主義是傳統與現代結合的理想模式

再看西方，在兩次世界大戰後，已成爲先進的工業化國家，但西方國家，仍有許多問題存在。工業革命後，貧富懸殊、勞資對立都是重大問題。馬克斯主義帶來鬥爭思想，又構成一個新的問題。這些都是不好的。中國要學習西方的科技、科學知識，和經濟發展，但不能囫圇呑棗的全盤接受過來，因爲全盤接受過來，就會帶來新的問題。我們必須將「傳統」與「現代」同時作一個理性的檢討，也把兩者的好處，作一個理性的結合。我認爲這個理性批評態度與理性建構精神，才是三民主義本身的哲學基礎。三民主義可說是「傳統」與「現代」理性的結合的一個模式，一個現代化的模式。我們從這個角度來看，三民主義包涵了一個很大的智慧，那就是最先提出了「傳統現代化」的智慧。同樣的，它本身的方法也很重要，且有它的世界面。換言之，今天不只是看它表面的文詞，而是看它所包含的思想與思考的方法。只要了解到這一點，任何一個發展中的國家都可以拿它來作參考。作爲現代化的模式，三民主義在臺灣經過了數十年的實踐，雖然在大本大則上歷久而彌新，但面對瞬息萬變的世界，還是有很多細節需要發揮。所以，今天我們談三民主義，就要抓住它的眞正內在的精神與方法論，並用之來加以補充發揚，不能只談信條、文字。否則將對三民主義構成一種傷害，不但將喪失其活潑的精神，且將掩蓋其原始的歷史意義。

在不變中求變，在變中求不變

現在，我們再深入地來看，三民主義所包涵的現代化模式，就是從易經到儒家之大中至正的中國哲學的發揮。我想許多學者、專家也曾提到。但是我在這裏特別提出易經，這是爲什麼呢？因爲三民主義發揮了易經哲學的變通性、貫通性與融通性。從通變、變通、通情達理來看人生、宇宙、文化，就是易經哲學。易經哲學就是整體的思考、定位的思考、應變的思考，以及創新的思考。在不變中求變，變中求不變的道理。這是很重要的思想，這種思想也可以稱爲革命的思想。事實上，革命的觀念是從易經的「革卦」而來。正如中國人的很多觀念都是從易經而來的（如「觀光」是由「觀」卦而來，無妄之災是由「無妄」卦而來）。

「革」是什麼意思呢？「革」就是革新、改革、變革的意思。爲什麼要革新、改革與變革？因爲宇宙人生有新的情況產生，我們就要整體應變。「革」因之是一項基於整體的思考的行動。「命」也有它的道理。什麼叫做命？命就是天道流行的秩序。秩序發生了問題，要建立新的秩序，這個就是「革命」。並不只是個人的命才叫命，天地的命也叫命。命且不是一成不變的。中國人一向認爲人類可以創新，但創新必須先了解天道的本源，然後才能創新，也就是需要整體化以定位，應變以創新，這是非常重要的道理。

在這樣的理解下，我認爲中山先生提倡的民族、民權、民生主義，就是「傳統現代化」的模式，是基於易經哲學與其中的「革命」精神發揮出來的。先總統　蔣公相應提倡的倫理、民主、科學，也就是整體定位、應變創新思想的再發揮。如果我們現在把這三層思想再加分析的話，我們就會發現它們的內涵更加豐富。首先，中山先生也提到，民族就是民有，民權就是民治，民生就是民享，這三個顯然是一體三面。而倫理、民主、科學，也是一體三面。因爲民族思想是恢復固有的信心、固有的道德。這裏所謂的道德，不是一般的道德。我要強調的是：道是原始的本體，德是發揮成爲原則的價値。所以，恢復道德，並不是只講一般的社會道德，而是講本體的道德以及基於本體來講社會道德。如四維、八德，都有它的本體面，本體就是它的精神。

中國——人性自覺的文化，西方——理性自覺的文化

依據「傳統現代化」的模式，我們來談倫理、民主、科學，應該從中國哲學與中國文化的整體來看。關於中國哲學與中國文化，我在這裏要特別加以說明的一點乃是，中國哲學與中國文化包含了極崇高的「人性自覺」。人性是善良的，人性具有民胞物與的潛力。中國的哲學與文化，是「人性自覺」的哲學與文化。如果與西方哲學與文化來比較，西方的哲學與文化乃是「理性自覺」的哲學與文化。理性是分析的，客觀的，以世界爲對象的。簡單的說：中國文化強調人性的自覺，西方文化強調理性的自覺。人性與理性，都是人類所需要的。如果只有人性，而沒有理性，人類就只有質而沒有文，只有情而沒有理。只注重人性，會流於只注重人際關係與個人面

子，而不能運用理性去尋求普遍化的原則。若只有理性，而沒有人性，則人將流爲冷血的機器，喪失道德價值的肯定，只講求方法而不講求目的。就是有目的，也將是不正確的目的。今天我們要談中國哲學與中國文化的發揚，一定要堅持人性的自覺，同時也要擴大理性的自覺。現在我就人性與理性兼顧的立場對倫理、民主、科學等價值分別來作簡單的分析。

認知現實把握自我，發展「倫理工程」

民族主義以倫理思想爲要義。要恢復中華民族的自尊心，就要恢復中華民族的文化本體，也就是必須恢復中華文化的倫理精神。所謂倫理就是人與人之間的基本道理，是內在於宇宙的。今天我們要談倫理，只講傳統的五倫是不夠的，必須要談各種不同的人際關係。在這裏我要說明一點，我的立場是跟一般所講五倫的觀念延伸不一樣。有一種說法，就是除了五倫之外，加上第六倫、第七倫、第八倫，來強調人與羣體的關係，人與環境的關係等等。我認爲發展倫理思想，必須要在整體的思考之中，作整體的定位。換言之，五倫的關係，也應該在整體的思考之中，作適當的調整。譬如說父母子女之間，我們應該強調教養與孝敬，但必須基於知識的了解，來強調教養與孝敬。今天我們如果要解決家庭問題、青少年問題、老年問題，以及一些新行業所帶來的關係調整問題，就必須要在知識基礎上建立適當的職業倫理、企業道德、法律道德，醫療道德。這些都是非常重要的課題。我們要清楚的認知什麼是公共道德，什麼是私有道德等等。在此我無法加以一一詳盡討論，但這些都是要基於對現實的認知，對自我的把握，透過整體的規劃才能解決的。我曾創造了一個名詞來說明此項整體的規劃。那就是發展「倫理工程」！如同遺傳工程，把遺傳學應用在優生的設計上，「倫理工程」就必須把倫理學應用在人際關係的定位與設計上，以樹立尺度與標準、觀念與價值。在這種「倫理工程」的設計中，公共道德與私人道德，家庭倫理與社會倫理，人性倫理與職業倫理才能同時建立起來。今天我們擁有中山先生所提示的「傳統現代化」的模式，我們應進一步在知識的平面上，把我們整個的價值體系，作整體的規劃，建立一套完整的「倫理工程」。這就是我們爲何要發揚中華文化來達到倫理的建設。這裏我再要補充一點：我曾提到「管理」與「倫理」相互爲用的問題。「倫理」是內在的，「管理」是外在的。我們今天要強調：若要建立一個好的倫理，同時就要建立一個好的管理。倫理不足的地方，要用管理來彌補。同樣的，只靠管理也是不夠的，只有管理而沒有倫理，只是一種外在的規範，而沒有內在的約制，因而不能收到最好的效果。所以，管理還要內在化爲倫理。也就是管理之不足，必須濟之以倫理。倫理與管理兩者，是相輔相成，相互爲用，並互爲因果的，必須並行發展，缺一不可的。因之今天我們必須同時講管理倫理化、倫理管理化。如此我們才能發揮整體定位、應變創新的方法論。

加強政府與民衆溝通，建立良好的民主程序

談到民主問題，有人把民主分成實質的民主與程序的民主。我認爲這種分法並不完全正確，民主就是民主。無論是實質的或程序的，都應該以民爲主。換言之，主權、政權、治權，三種要溝通。這又是整體觀念。主權在民，政權在民，治權最後也是在民，這也就是「寓政於治，因治而正」的意思。有國家，就有政府與人民。政府與人民之間應是相互溝通的。在相互溝通之下，民主自然實現。因此，政府應善體民意，人民也要了解政府的政策，這是一種溝通過程。政府的政策應經溝通來達到目標。人民羣體愈複雜，政府與人民的溝通愈重要。中國的傳統哲學，有民本思想，也有民主思想。的確，中國儒家強調民本思想，尙書謂「天命」即是「民命」，孟子謂：「君輕民貴」。很明顯的是強調民本之重要。至於民主的過程，「選賢與能」，以中國的傳統來解釋，是從上選下，但從下選上這種過程還是可以肯定的，只是沒有完全理性地發揮出來而已。在這點上，西方的知識模型是值得借鏡的。基於知識的了解，爲民主找到一個好的程序，由好的程序達到好的目標。所以，爲方法講求目標，爲目標講求方法，這是自然合理的發展。今天我們要吸收知識，加強溝通，來建立民主的程序。這個民主的程序自然不可撇開民主的實質。這民主的實質是什麼？就是爲民服務，造就一個人人共享的安和樂利的理想社會。總之，建立中國民主，可以把中國的儒家哲學在知識基礎上加以擴大充實，並制度化，使其適應世界的潮流。

肯定中國哲學的目的性，吸收西方哲學的方法性

在科學知識方面，更是明顯的是：中國有整體的、本體的住家思想，是與科學的精神不悖不違的。中國思想中往往強調的是科學的目的性，而不是科學的方法性。譬如尙書、易經中所強調的「利用厚生」與「開物成務」思想，就是這種觀念。其實科學本身就內含了要達到民生的目標。爲了要達到民生的目標，人類必需開發資源，發展科技，把洪荒宇宙開發成人文世界，這是一種科學精神。但是科學精神有它內在的目的性，卽是爲了生命與生活的目標而獲得肯定與發展。西方哲學強調方法性，却不強調目的性。科學的方法是一步步的去實驗，一步步的去蒐集資料，然後一步步的去分析、推理、進而求證，這就是科學的方法性。但是，有方法沒有目標，這個方法是盲目的。相反的，只有目標，而沒有方法，那也是徒勞無功的。今天，中國發展科技，是可以從西方得到許多啓示的，但我們不能放棄自我。當我們反省到目的與方法的整體性時，我們一方面要肯定自我，一方面要接受他人。反本溯源，吾人更可以肯定自我，更可以容納他人。吸收他人之長，並不是非把自我放棄之後，才能做到。我這裏所講的重點，就是要發揚中國文化與哲學，才能接受西方文化的優點。不可爲了接受西方的文化，而放棄自我，若是如此，那必是因爲自我反省與自我覺悟的根基不深、層次不高、範圍不廣。唯有在大、廣、高的了解下，才能包容，才能整體定位，應變創新。

唯有發揚中華文化，才能實現世界大同

總結來說，中國文化必須發展，只有發展才能現代化，才能世界化，才能達到大同的理想。大同的理想，中國哲學早就有所發揮，如論語言「四海之內皆兄弟也」，禮記禮運篇提出了大同世界的理念與理想。宋儒講「民胞物與」的思想、明儒講「天地一體之仁」，都是講天下一體的大同思想。至於「中國」一詞的觀念，更包涵了「文化大同」的理想。中國是一個文化的國家，是一個發展人性價值的國家。所以，「中國」一詞本來就有世界化的意義在裏面。大同的思想，並不是要消除一切的差異，而是要在差異中求溝通求和諧，同時實現人類個別的價值及整體的價值而不相礙，也就是和而不同。這是中國哲學的基本思想，也是王道的政治思想。從這個觀點來說，只有發揚中國文化，才能實現世界大同，亦唯有如此，才能幫助西方，走向大中至正的道路。總而言之，爲了現代化，爲了世界化，爲了人生價值與人生理想的實現，中國哲學、中國文化，必須要積極的創造與發展。至於發展的方法，則必須切實求知，認清目標，講求方法，力行實踐。力行實踐是講求目標，講求方法後一致的努力實踐。團體要實踐，個人也要實踐，這樣我們才可以開拓整體定位，應變創新的局面，爲人類帶來光明的前程。

新書推薦

◈唐宋詩詞選 巴壺天編
—詞選之部

作者一生精於詩與禪，所選諸詩詞，均甚精審，並將名家詩詞評列於作品之後，提供讀者在賞析時的參考。另收錄有：作者小傳、總評、注要、釋篇、記事、附錄等。有此書在手，已囊括坊間其他通行本而有餘。

◈唐宋詩詞選 巴壺天編
—詩選之部

作者一生精於詩與禪，所選諸詩詞，均甚精審，並將名家詩詞評列於作品之後，提供讀者在賞析時的參考。另收錄有：作者小傳、總評、注要、釋篇、記事、附錄等。有此書在手，已囊括坊間其他通行本而有餘。

◈從傳統到現代 傅偉勳主編
—佛教倫理與現代社會

本書收錄了第一屆中華國際佛學會議中所提出的十五篇論文，這十五篇論文環繞著會議主題「佛教倫理與現代社會」所各別提出的歷史考察、課題探討、理念詮釋、問題分析、未來展望等等，可謂百家齊鳴，各有千秋。

◈維摩詰經今譯 陳慧劍譯註

「維摩詰經」，全名是「維摩詰所說經」，又義譯爲「無垢稱經」。這部經的義理主要導航人物，是現「居士身」的維摩詰，思想則涵蓋中國自東晉以後發展的「三論、天臺、禪」三種中國式佛教宗派，其影響不可說不大。

◈我是依然苦鬪人 毛振翔著

乍看本書書名，或許以爲是一部個人自傳，實際上，這是將毛神父於近十餘年來頻頻飛赴美國，從事國民外交之事蹟及對政治、宗教之建言，彙整出版。篇篇皆爲珍貴史料，願讀者勿等閒視之。

◈儒學的常與變 蔡仁厚著

「時風有來去，聖道無古今。」儒家有二千五百年的傳統，是人類世界中緜衍最長久、影響最廣遠的一大學派

本書針對儒學之常理常道，及其因應時變以求中國現代化之種種問題，有透徹中肯之詳析。

* ＊老子的哲學……………………………………王邦雄著
* ＊逍遙的莊子……………………………………吳　怡著
* ＊莊子新注（內篇）………………………………陳冠學著
* ＊莊子的生命哲學…………………………………葉海煙著
* ＊墨家哲學………………………………………蔡仁厚著
* ＊墨家的哲學方法…………………………………鍾友聯著
* ＊韓非子析論……………………………………謝雲飛著
* ＊韓非子的哲學…………………………………王邦雄著
* ＊法家哲學………………………………………姚蒸民著
* ＊中國法家哲學…………………………………王讚源著
* ＊二程學管見……………………………………張永儁著
* ＊王船山人性史哲學之研究………………………林安梧著
* ＊西洋百位哲學家………………………………鄔昆如著
* ＊西洋哲學十二講………………………………鄔昆如著
* ＊希臘哲學趣談…………………………………鄔昆如著
* ＊中世哲學趣談…………………………………鄔昆如著
* ＊近代哲學趣談…………………………………鄔昆如著
* ＊現代哲學趣談…………………………………鄔昆如著
* ＊現代哲學述評㈠………………………………傅佩榮編譯
* ＊當代西方哲學與方法論…………………………臺大哲學系主編
* ＊人性尊嚴的存在背景……………………………項退結編著
* ＊理解的命運……………………………………殷　鼎著
* ＊馬克斯・謝勒三論………………………………阿弗德・休慈原著　江日新譯
* ＊懷海德哲學……………………………………楊士毅著
* ＊洛克悟性哲學…………………………………蔡信安著
* ＊伽利略・波柏・科學說明………………………林正弘著
* ＊中國學術思想史論叢㈠～㈧……………………錢　穆著
* ＊現代中國學術論衡………………………………錢　穆著

＊兩漢經學今古文平義……………………………………錢　穆著
＊宋代理學三書隨劄……………………………………錢　穆著
＊先秦諸子繫年……………………………………錢　穆著
＊朱子學提綱……………………………………錢　穆著
＊莊子纂箋……………………………………錢　穆著
＊論語新解……………………………………錢　穆著